战国青铜器上的采桑画像研究

卢忠敏 著

武汉大学出版社
WUHAN UNIVERSITY PRESS

图书在版编目(CIP)数据

战国青铜器上的采桑画像研究/卢忠敏著.—武汉：武汉大学出版社,2021.11(2022.4 重印)
ISBN 978-7-307-22737-8

Ⅰ.战…　Ⅱ.卢…　Ⅲ.青铜器(考古)—器物纹饰(考古)—研究—中国—战国时代　Ⅳ.K876.412

中国版本图书馆 CIP 数据核字(2021)第 241348 号

责任编辑:黄金涛　　责任校对:汪欣怡　　版式设计:马　佳

出版发行：**武汉大学出版社**　(430072　武昌　珞珈山)
(电子邮箱：cbs22@ whu.edu.cn　网址：www.wdp. com.cn)
印刷:武汉邮科印务有限公司
开本:720×1000　1/16　印张:11.75　字数:167 千字　插页:1
版次:2021 年 11 月第 1 版　　2022 年 4 月第 2 次印刷
ISBN 978-7-307-22737-8　　定价:29.80 元

目　　录

插图、附表、动图视频清单

一、插　　图

第一章插图

第二章插图

第三章插图

第四章插图

第五章插图

第六章插图

二、附　　表

第三章附表

第四章附表

第五章附表

第六章附表

三、动图视频

器物简称清单

1. 画像铜壶

安大略壶：加拿大皇家安大略博物馆（Royal Ontario Museum）藏镶嵌画像铜壶

百花潭壶：四川成都百花潭10号墓镶嵌画像铜壶

保利壶：保利艺术博物馆藏镶嵌画像铜壶

大张壶：追缴的山西襄汾县南贾镇大张村2号墓画像铜壶

杕氏壶：德国柏林博物馆（Neues Museum）藏镶嵌狩猎纹铜壶

故宫壶：故宫博物院藏镶嵌画像铜壶

航博壶：中国航海博物馆藏镶嵌画像铜壶

吉美壶：法国巴黎吉美博物馆（Musée Guimet）藏镶嵌画像铜壶

上博壶：上海博物馆藏镶嵌画像铜壶

2. 画像铜豆

华尔特铜豆：美国巴尔的摩市华尔特美术陈列馆（Walters Art Gallery）藏镶嵌镶嵌画像铜豆

罗家坝铜豆：四川宣汉罗家坝33号墓镶嵌画像铜豆

三汲铜豆：河北平山三汲县8101号墓镶嵌画像铜豆

3. 画像铜钫

Lally铜钫：美国古董商 J. J. Lally 收藏画像铜钫

里特贝格铜钫：瑞士苏黎世里特贝格博物馆（Rietburg museum）藏画像铜钫

台北故宫铜钫：台北“故宫博物院”藏画像铜钫

4. 画像高柄铜钫

德扬高柄铜钫：美国洛杉矶德扬纪念博物馆（de Young Memorial Mluseum）藏高柄画像铜钫

东北师大高柄铜钫：东北师范大学藏高柄画像铜钫

5. 画像铜鉴

山彪镇鉴：河南辉县山彪镇1号墓出土的水陆攻战纹铜鉴

第一章 问题、理论与方法

第一节 引 言

东周时期，不仅是历史、文化的转型期，而且是青铜器制作工艺和纹饰风格的转型期——在模印法、失蜡法、錾刻、嵌错、鎏金等新工艺的应用下，一种细密、生动、带有叙事性的纹饰应运而生，给青铜器装饰注入了新鲜血液。学者多把这种纹饰统称为“画像纹”，除了人事礼仪活动场景外，还包括狩猎纹、半人半兽神人纹等。它们一改沿袭千余年的粗犷、抽象的传统纹饰（如动物纹、几何纹等），将生动而具象的“人”事作为对象承载于青铜媒介上，独树一帜，引人注目。其上人物、鸟兽、台榭、苑囿、树木、车马等琳琅满目，惟妙惟肖，犹如一张张底片将当时的社会风貌再现于我们面前。

有关此类纹饰的名称，过去学者意见不一，容庚先生将攻战及狩猎图案分别称作“战斗纹图”“车马猎纹图”及“猎纹”①，杜迺松名之曰“人事活动花纹”②，林巳奈夫则统称为“画像纹”③，朱凤瀚称为“人物画像类纹饰”④，许雅惠据其装作工艺分为“图像纹铜器”及“刻纹铜器”

---

① 容庚：《商周彝器通考》，大通书局，1941 年，第 140-143 页。

② 杜迺松：《青铜器鉴定》，广西师范大学出版社，1993 年，第 50 页。

③ 林巳奈夫：《战国时代の画像纹》，《考古学杂志》，47 卷 3-5 号（1957 年），第 27-49、21-48、1-21 页。

④ 朱凤瀚：《古代中国青铜器》，南开大学出版社，1995 年，第 406-409 页。

两种①，等等。在英文中，此类青铜器被称为“pictorial Bronze Vessels”②，直译为汉语的话就是“画像青铜器”，因此现在学者多以“画像青铜器”称之。如刘敦愿所言：

> 如从绘画艺术的角度来考察，青铜器图像的表现技巧，汉画像石多已继承，前者应该看作是后者的先驱。准汉画像石之例，不论表现技巧如何复杂多样，附属的建筑为祠堂、墓葬、门阙，统称之画像石（砖），此类青铜器上的绘画性的图像，似可称作“青铜器画像”，所附器物统名之为“画像青铜器”，自称一个部类，以别于漆木器上的画像与帛画，以及将来可能发现的壁画艺术。③

值得注意的是，除了狩猎纹和水陆攻战纹单独满饰于一器之上外，大部分画像铜器皆是射礼、宴乐、采桑、舟战、攻城、狩猎等仪式主题共集于一器。而其中，唯一男女同在的画面当属采桑母题，引人入胜：高大阴翳的桑林中，采桑男女或于树上采桑，或执钩、携筐忙忙碌碌地穿梭往来，或瑞彩蹁跹，俨然一幅《诗经·豳风·七月》所言“女执懿筐，遵彼微行，爰求柔桑。春日迟迟，采蘩祁祁。女心伤悲，殆及公子同归”的真实写照。

“桑”之于古人具有通天的神圣性，当桑林这一特殊空间场域以图像形式出现在青铜礼器上、且作为已知唯一男女同在的画像母题时，超越图像本身的主题意蕴值得进一步探究。不可否认，受根深蒂固的“男耕女织”观念以及历代文学作品中“采桑女”艺术形象的影响，再加之画像中

① 许雅惠：《东周的图像纹铜器与刻纹铜器》，《故宫学术季刊》，20 卷 2 期（2002 年），第 63-98 页。

② Charles D. Weber, Chinese Pictorial Bronze Vessels of the Late Chou Period, Artibus Asiae, Vol. 30 No. 2/3 (1968)。

③ 刘敦愿：《关于战国青铜器画像问题的若干思考》，山东大学历史系考古教研室：《纪念山东大学考古专业 20 周年文集》，山东大学出版社，1992 年，第 305-306 页。

男子的在场且男女动作亲昵，我们多将其视为情爱主题的仲春之月“会男女”和高禖祭祀画面。但细观其人物皆长服曳地、穆然有序，更似有一定身份地位的贵族阶层参与的仪式场景。况且由男女互动图像所衍生的“牵手”“拉扯”“赠送枝柯”“赠送花卉香草”等情爱主题释读，明显与“男女授受不亲”的礼制不符。采桑画像的主题真的仅仅是浪漫情爱色彩的“会男女”社会风俗吗？“人”作为主角的画像纹饰一经问世，便公然将这类“男女会于桑林”的画面呈现于青铜礼器上，恐怕难以言通。不容忽视的是，人物之间的动作解读是分析采桑画像主题的前提与基础。那么，这些动作解读又是否准确且合理呢？采桑画像在不同器型（铜壶、铜豆、铜钫、高柄铜钫）上有不同的位置经营（颈部、下腹部、柄部），相应的也与不同的图式和人物组合细节。这蕴含着怎样的哲学或美学内涵呢？其性别与角色又是否有更深一层的含义？

第二节　问题与分歧：青铜器采桑画像研究综述

最早提及采桑画像的当属徐中舒，他在1932年撰写的《古代狩猎图象考》一文中对采桑图略作了阐释：

> 《采桑壶》及《采桑钫》有人立树下作伸手撷取之形，当即采桑图。①

《采桑壶》即作者在列举“现存猎壶”时所提及的“采桑猎壶”，也即现收藏于法国巴黎吉美博物馆的画像铜壶（图1-1），徐中舒描述为“一人攀条作采桑形”。《采桑钫》即作者在列举“现存猎壶”时所提及的“采桑猎钫”，也即现收藏于台北“故宫博物院”的画像铜钫（图1-2），

① 徐中舒：《古代狩猎图象考》，《古器物中的古代文化制度》，商务印书馆，2015年，第134页。原载于《国立中央研究院历史语言研究所集刊外编第一种·庆祝蔡元培先生六十五岁论文集》下册，1933年）

徐中舒描述为“采桑图桑树可辨者二，旁各着数人作攀条及相见揖让之形，一树旁更着一犬，俨然一幅《豳风之图》”①。本书的重点是猎壶，故而对其上的采桑画像仅略微提及。

图 1-1　吉美壶上的采桑画像②

图 1-2　台北钫上的采桑画像③

1938 年，樊德隆（Vandier）撰文对吉美壶上的采桑、射侯、宴乐、弋射、狩猎等画像做了论述。其中，他将采桑画像描述为：

① 徐中舒：《古代狩猎图象考》，《古器物中的古代文化制度》，商务印书馆，2015 年，第 89-90 页。原载于《国立中央研究院历史语言研究所集刊外编第一种·庆祝蔡元培先生六十五岁论文集》下册，1933 年）

② 图片源自 Nicole Vandier, Note sur un Vase Chinois du Musée du Louvre, Revue des arts asiatiques, Vol. 12, No. 4 (DÉCEMBRE 1938), pp. 133-141.

③ 图片源自许雅惠：《东周的图像纹铜器与刻纹铜器》，《故宫学术季刊》，第 20 卷第 2 期，图 20。

> 艺术家在这幅画的左右两侧分别表现了两根树枝；栖息在树叶中的两个女人面对面；她们摘树叶；她们脚下的树上挂着两个深网；其中一个女人的头发上戴着高大的饰物。她下面的两个助手拿着一张网，大概是用来收叶子的；在场景的中央，一个人正在挥舞着手臂跳舞。
>
> 在左边，一个男人抓住另一个跪在他脚下的人的头发，似乎正在用剑柄进行威胁；靠近树的两个角色参与或协助采摘；其中一个被两个环悬挂在网上。
>
> 也许这是一个传说，一个我不知道的故事，也许只代表一个采桑收获："春日载阳，有鸣仓庚。女执懿筐，遵彼微行，爰求柔桑（《诗经》）。" "一边递给你树枝落叶，一边唱歌，一边跳舞"，米雷耶（Mireille）栖息在一棵桑树上，从树叶中间向文森特（Vincent）呼唤。①

东西方的绘画和文化差异、实物与摹本的差异等原因，使这些解读有许多错误之处：其一，右桑树下不是"深网"，而是下耷的树枝；其二，右桑树下的两人并不是张网接桑叶的动作；其三，左桑树下的女子正双手攀树，而非"被两个环悬挂在网上"。更值得注意的是，樊德隆将桑间的男女视为爱情场景，即米雷耶（Mireille）和文森特（Vincent）② 之类的爱情故事，这是根据国外的《诗经》译著所得出的推论。

20 世纪 30 年代有采桑画像的青铜器除了吉美壶和台北钫外，还有 1935 年出土于河南辉县琉璃阁 75 号墓的铜豆柄部和 76 号墓的猎壶壶盖。由于墓发掘于动荡时期，因此直到 1959 年才得以出版发表，故"只留存

---

① 笔者翻译。Nicole Vandier, Note sur un Vase Chinois du Musée du Louvre, Revue des arts asiatiques, Vol. 12, No. 4 (DÉCEMBRE 1938), pp. 135.

② 米雷耶（Mireille）和文森特（Vincent）是法国普罗旺斯朗朗上口的爱情悲剧，农家子弟爱上了富家女。

一部分拓纹，照片、记录缺如”①。如75号墓的豆柄仅有采桑图和鸟践蛇图的拓片，而无豆盘尺寸、形制、纹样等说明；76号墓猎壶壶盖也仅仅是严谨的图像描述：“此壶有盖，盖周云纹，中心为采桑图，桑树二株，分七人为二组，一组三人，一组四人，有跪者，有举双手者，有攀桑枝且采且回顾者。”②

20世纪50年代，虽然没有刻画采桑画像的青铜壶豆之属出土，但同样是人事活动画面的刻纹画像铜器或残片却出土很多：1951年河南辉县赵固区1号墓的燕乐射猎图案刻纹铜鉴③，1954-1955年山西长治分水岭12号墓的刻纹铜匜残片、79号墓的刻纹铜匜残片、84号墓的刻纹铜匜残片和刻纹铜鉴④，1956年湖南长沙黄泥坑5号墓的刻纹铜匜残片⑤，1957年河南陕县后川2040号墓的刻纹铜盘、2042号墓的铜匜和2044号墓的刻纹铜匜⑥，1960年山东平度东岳石村16号墓的刻纹铜匜残片⑦。这些出土刻纹铜器上的生动画像以及流散在国内外各博物馆和私人收藏家手中的画像铜器，使越来越多的学者关注到人事画像纹饰上来。

20世纪60年代，林巳奈夫和查尔斯·D. 韦伯（Charles D. Weber）对已出土和流传的画像铜器做了颇为全面的论述，其中必不可少地论及采桑画像，且奠定了采桑画像“情爱”与“仪式”两大主题之争的基调。由于当时有采桑画像的铜器还比较较少（仅有吉美壶、故宫壶、台北钫、华尔

---

① 郭宝钧：《山彪镇与琉璃阁》，科学出版社，1959年，第77页。

② 郭宝钧：《山彪镇与琉璃阁》，科学出版社，1959年，第68页。

③ 中国科学院考古研究所：《辉县发掘报告》，科学出版社，1956年，第115-116页。

④ 山西省考古研究所、山西博物院、长治市博物馆：《长治分水岭东周墓》，文物出版社，2010年，第237-239、280和287-289页。

⑤ 湖南省博物馆：《长沙楚墓》，《考古学报》，1959年第1期，第49-50页。

⑥ 中国社会科学院考古研究所：《陕县东周秦汉墓》，科学出版社，1994年，第61-67页。

⑦ 中国科学院考古研究所山东发掘队：《山东平度东岳石村新石器时代遗址与战国墓》，《考古》，1962年第10期，第516页。

特豆、罗比尔高柄铜钫以及琉璃阁76猎壶和日本猎壶的壶盖7件），因此60年代对画像内容的解读也稍有偏差。

林巳奈夫虽关注到模印法的应用使不同粉本的采桑画像有动作相似的人物组合，但却未考虑到绘画空间对画像的影响，而将形体较小的人释为“小孩”，如此一来他认为采桑画像刻画的是“男子与女子的采桑互动”“采桑妇女、儿童”等题材；再加之《诗经·鄘风·桑中》“期我乎桑中”的爱情释读，他将采桑画像阐释为田园采桑场景中的爱情主题①。但由于所参照的采桑画像数量有限，他对图像的释读多有错误，如采桑农具“钩”被释为镰刀农具，壶盖上的乐舞人物被释为在采摘桑叶，台北铜钫中间桑树的右侧“男女共携桑筐”的人物组合被释为乐舞等。

韦伯主张将图像还原到礼仪场景中去，因此他认为采桑画像不是常规的采桑活动，而是一个特殊的仪式，比如春天第一次采摘桑叶，即《礼记》所载农历三月的“躬桑”仪式。而故宫壶（图1-3）上桑树下已经死亡的鸟和动物也是桑树祭祀仪式的一部分。简而言之，他认为采桑画像展示了一种与桑树有关的特定古代仪式，这种仪式包括了采集桑叶、舞蹈以及以人类或动物献祭②。韦伯的结论是从青铜器的功能出发，对笔者启发较大，其文中附录的画像摹本清晰且全面，也为本书研究提供了便利。

此外，马承源认为青铜器上的画像“描写宴会、狩猎、采桑等‘礼’的贵族生活”③，可见他持采桑画像为仪式场景的观点，但并未展开论述。

---

① 林巳奈夫：《战国时代の画像纹》，《考古学杂志》，第47卷4号，第34-38页。

② Charles D. Weber, Chinese Pictorial Bronze Vessels of the Late Chou Period, Artibus Asiae, Vol. 30 No. 2/3 (1968)。

③ 马承源：《漫谈战国青铜器上的画像》，《文物》，1961年第10期，第26页。

图 1-3　故宫铜壶上的采桑图像①

图 1-4　百花潭铜壶上的采桑图像②

70 年代，李学勤对 1965 年四川成都百花潭 10 号墓出土的画像铜壶（图 1-4）做了探究。他关注到采桑画像中居主要位置的是男子，而不是携筐采叶的妇女，这些难以与单纯的采桑活动或所谓的后妃躬桑联系起来，

① 图片源自故宫博物院：《故宫青铜器图典》，紫禁城出版社，2010 年，196 页。

② 图片源自何颖康：《从战国采桑图看四川养蚕及丝织业的历史》，《四川文物》，1991 年第 1 期，第 28 页，图一。

并提出了采桑画像是“选取弓材”之说。其理由是：一、画面中的男子，有的以手中的弓示于树上蚕女，有的用两臂表示弓形，有的用手和口扯弦，皆与“弓”有关，而桑木是古代制造弓干的重要原料。二、故宫壶上（图 1-3）有半跪姿势持弓的人物，是制弓的工匠，正在献弓。但在这些动作的解读上略显牵强，如所谓的“用两臂表示弓形”其实是乐舞中的男子双臂手舞的舞姿，“用手和口扯弦”或许是吹奏乐器，而与故宫壶相同粉本的上博壶上单膝跪姿的男子腰间有箭矢（献弓说便不成立），因此做弓、献弓说并没有被后世学者延续。

李学勤又关注到两树之间有女子递予男子“枝柯形物”的“授受”情景，以及右桑树下男子牵住女子双手的画面，“这在竭力鼓吹‘四勿’之教的孔丘门徒看来，无疑也是‘大逆不道’的事”。① 他虽并未继续对这些图像加以论述和阐释，却将“非礼”的采桑男女动作行为带到大家的视野中，成为 90 年代以后采桑“情爱”主题说的源头。

80 年代，王文君和唐复年由采桑画像中这些“非礼”的男女动作产生了“阶级压迫”说。前者认为：两株桑树中间的男子是监视女子劳作的统治阶层，右桑树下的男子正对女子施以暴行欲强行将女子拉走，乐舞的男子是“高举双臂正毒打一采桑女”，右下角的男子还扯开绳子准备绑缚采桑女②（图 1-4）。后者同样认为是奴隶们被迫从事采桑劳动的记实③。这种“阶级压迫”说是时代的产物，是受七八十年代《诗经》研究者新解的影响，如余冠英认为《诗经·豳风·七月》中“殆及公子同归”指的是被公子强迫带回家去④，孙作云亦认为：

---

① 杜恒：《试论百花潭嵌错图像铜壶》，《文物》，1976 年第 3 期，第 47-50 页；又收录于李学勤：《新出青铜器的研究》，文物出版社，1990 年，第 160-166 页。

② 王文君：《成都百花潭铜壶与〈豳风·七月〉》，《四川师院学报》，1981 年第 4 期，第 79-80 页。

③ 唐复年：《战国宴乐射猎攻战纹壶》，《故宫博物院院刊》，1983 年第 3 期，第 84-90 页。

④ 余冠英：《诗经选》，人民文学出版社，1979 年，第 155 页。

> 父母的人身毫无保障。在妇女采桑的时候，领主老爷到野外春游，看见妇女还要逞其兽欲：女心伤悲，殆及公子同归！①

是以，此说不为后世采用。

90年代，采桑画像内容与主题的探讨与研究空前繁盛。田可文和陆云的关注焦点在“桑林之舞”上。《桑林》是商代重要的乐舞之一，他们将“桑林”乐舞与“桑间濮上”的“郑卫之音”联系在一起，认为是在桑林之中举行的大规模男欢女悦、寻偶追欢的社交活动习俗②。这样，那些貌似赠送枝柯、牵手的图像便阐释通了。但他只是将图像与文本相联系，并未对图像细节进行分析。

刘敦愿提出了三个有建设性的问题：

> 第一，宴乐、竞射、田猎、弋射、水陆攻战等题材，所反映的完全是当时铜器享用者——贵族阶层的生活与好尚，而采桑却是一种普通劳动，而且是一种妇女的劳动，历来不受重视，现在却彼此并存于一器，而且安置在很显著的地位，如壶盖与器身的上部，并与“君子无所争，必也射乎”的射礼场面组合在一起，性质很不寻常。
>
> 第二，采桑图象中的人物，无论男女少长，都是长服曳地，腰间束有环带，裳下还有折襞之类缘饰，与其他题材中从事劳动与战斗的人物有别，应该都是贵族而非一般的平民与奴隶。“满身绮罗者，不是养蚕人”，现在为什么既是绮罗者，同时又是养蚕人了呢？
>
> 第三，蚕桑既是妇女的专业，桑林又是妇女们的工作场所，但图象又显然有腰间佩剑的男子杂厕其间，人物形象尽管刻画简略，在这

① 孙作云：《诗经与周代社会研究》，中华书局，1966年，第198页。

② 田可文、陆云：《对“百花潭铜壶”嵌错图象中乐舞文化的再认识》，《音乐探索·四川音乐学院学报，1990年第2期，第18-22页。

一点上却是没有疑问的。①

进而，刘敦愿的推论是：采桑人物是贵族，作为王室桑园（“公桑蚕室”）的桑林同样也是用来春游与歌舞的贵族园林；图像中青年男女借用采桑活动歌舞求爱，是郑、卫一带妇女婚前自由的习俗，由此蒙上了神秘而又浪漫的色彩②。然而他前面说桑蚕是妇女的专业，后面又言青年男女在桑林中边采桑边谈情说爱，是相互矛盾的，并不足以阐释他所提出来的质疑。

李夏廷支持刘敦愿的观点，并对图像中人物的行为和动态作了进一步分析：男女成双结对，互送花卉香草、彤管等信物；高柄方壶上“跪作膜拜状”的男女，非跪拜，而是在谈情说爱；右桑树下男子拉扯女子表现的是“秋胡戏妻”、晋大夫解居父于路途调戏采桑女一类故事的画面。因此，他认为：

> 采桑纹所表现的内容，大致不外桑林原野间或类似高禖、春社、上巳等春季节令的男欢女爱，因此说采桑纹描绘的并非采桑劳动本身（纹中植物当然也未必都是桑），而是当时的一种社会风俗画。③

由此，李复廷也高呼情爱说。

杨华认为，由女子的服饰来看她们显然非一般农家妇女的农桑活动，而是有一定身份等级的。但图像中并没有一个特别显贵的妇女成为中心，因此不可能是躬桑仪式。而应是采桑季节众妃在宫苑的桑林间采桑之

① 刘敦愿：《中国青铜器上的采桑图像》，《文物天地》，1990年第5期，第5页。

② 刘敦愿：《中国青铜器上的采桑图像》，《文物天地》，1990年第5期，第4-6页。

③ 李夏廷：《关于图像纹铜器的几点认识》，《文物集刊》，1992年第4期，第45-48页。

景①。但这个说法显然忽略了采桑画像中的男子，因此“众妃”不正确。

郑志认为在相距数千里的百花潭壶和故宫壶上出现同样程式化的画像，那么采桑画像“亦肯定像它们旁边所表现的射礼一样，在当时的社会是有一定的礼仪活动。”② 此外，他还指出高柄铜钫上桑树两旁相向跽踞的两个女子，双手合拢，也显然为隆重的祭桑仪式。但画像中又的确有“赠送枝柯”的浪漫爱情画面，所以他结合了前人情爱说与仪式说，提出了“高禖祭祀”说——图像中一男子持弓示以女子的画面，正是高禖祭祀中授九嫔以弓失的情景；而两桑中间坐着的男子是媒官，正在接受女子的枝柯信物。这种说法也有漏洞：其一，他既说男女约会互赠信物，又说将枝柯信物给媒官，与他所持“会男女”是男女幽会互赠信物相矛盾。其二，他自己也关注到，男子持弓示以女子的画面中，树上的女子并没有做出要接弓的动作，且他归因于“礼崩乐坏”恐怕有些牵强。

“高禖”即掌管“会男女”的媒氏之官，“变媒言禖，神之也”。③ 因此，高禖祭祀和“会男女”实则为一，它既是仪式场景又是情爱主题。在90年代的采桑画像研究热潮之后，“高禖”说似乎成为不争的定论，故而21世纪学者多沿用有浪漫情爱色彩的“高禖”说④。相较而言，持躬桑仪式观点的学者呼声甚微，他们多将青铜器上宴饮、射侯、战争图像释为乡饮酒礼、射礼和军礼，故而认为采桑画像也为后妃躬桑的礼仪场景，但对那些容易引起歧义的男女互动图像避而不谈⑤。抑或是承认采桑图像的桑

① 杨华：《宴乐桑猎画像与战国宫苑生活》，《历史教学问题》，1994年第1期，第11页。

② 郑志：《战国铜器上的“高禖”图考》，《中原文物》，1994年第3期，第54-57页。

③ （汉）郑玄注，（唐）孔颖达疏：《礼记正义》，北京大学出版社，1999年，第474页。

④ 陈长虹：《贞节与春思——桑下女图考》，《美术史研究集刊》第36期（2002年），第4-8页；徐中锋：《战国水陆攻占纹青铜壶艺术价值分析》，《南阳理工学院学报》，第11卷第1期（2019年），第70页。

⑤ 林汉铮、李于昆、黄迅：《战国采桑宴乐射猎攻战纹研究》，《福建文博》2016年第3期，第56页。

林仪式空间，但最终也回归到男女相会和高禖祭祀之上①。

青铜器画像是最早的叙事性艺术遗存，但就学术走向而言，目前学界对青铜器画像的关注度并不高，更不用提画像中的采桑题材。首先，青铜器画像产生和盛行于青铜时代末期，唯一有铭文的狩猎纹杕氏壶上又出现了“弄壶”② 铭文，使其打上了“弄器”“奇技淫巧”的烙印，有的学者甚至将其归类为具有观赏价值的日常用器③。其次，细密、繁琐的人物情节和器物的腐蚀、残损等增加了研究难度，使人望而却步。再次，日新月异的考古发现中仅偶有画像铜器出土，且没有新的内容或图式，故而也鲜少引起学者关注。最后，能给我们带来新图式和思考的两件藏于海外的画像铜钫④，也未普遍进入研究视野。事实上，只有对青铜器画像进行细致地分析和充分地比较后，才能真正把握它的产生、发展、演变的机制和过程。因此，对于前人的研究成果我们更应辩证地去看待，并不断运用新材料、新方法、新视角进行全方位、多角度的学术“反刍”和反思。

我们需要从以下几点对青铜器采桑画像进行重新审视：

第一，搁置对采桑主题的争议不说，仅从图像分析上来看，还不够深入。人物画像是画像青铜器从诸多动物、几何、自然符号等传统纹饰中脱颖而出的根源所在，因此图像分析是十分关键和必要的。但恰如刘敦愿所言：

其上的图像形体既小，而且杂厕于各种装饰图案之中，因此不甚

① 瞿萍：《论宋前蚕桑图像叙事主题的嬗变》，《南京艺术学院学报（美术与设计）》2020年第1期，第22-24页。

② 杕氏壶上铭曰：“杕氏福□，岁贤鲜于。可是金契，虘（吾）台为弄壶。自颂既好，多寡不訏。虘（吾）以匽饮，盱我室家。戈（弋）猎毋后，簟在我车。”

③ 武红丽：《东周画像铜器研究》，中央美术学院硕士学位论文，2008年。

④ 一件收藏于瑞士苏黎世里特贝格博物馆（即里特贝格铜钫），一件为美国古董商J. J. Lally收藏（即Lally铜钫）。国庆华：《试说新见两对流散西方青铜器上的建筑和图像》，王贵祥编《中国建筑史论汇刊（第6辑）》，中国建筑工业出版社，2012年，第435-455页。

> 引人注意，然而这是绘画，是当时绘画的缩影，是一种形象性的史料，无论是研究古代绘画艺术的发展本身，还是作历史的与考古的研究，都是如此，所以特别提出讨论，以引起大家的重视。①

青铜器画像上的人物小而繁多，研究起来着实不易。前贤学者在释读图像时多简略描述图像后，便在原典文本中去找寻相关文献佐证，还是以文本先行，这样的分析多有按图索骥之嫌。因此，图像分析是重中之重，客观地解析采桑画像的细节与内容，才能还原式解密采桑画像的主题，进而分析画像的涵义与功能。

第二，20世纪的摄影和出版的像素普遍低，加上八九十年代相关器物的数量不多，这些给研究者带来不小的阻碍。随着新资料的不断披露、高像素超清晰的文物图片不断印刷出来，我们对于图像的分析也应与时俱进。

第三，前人的研究多建立在采桑画像平面摹本分析的基础上，然而这些画像是根据器型的变化而改变的。为了适应不同大小、形状的空间，画像上的人物乃至树木、筐钩等物皆会发生一系列变化。因此，将图像所在的空间大小、器壁曲直、位置经营、装饰技法等对画像细节、构图以及母题组合的影响纳入考量范围也是十分必要的。

第三节 研究方法及思路

一、研究方法

东周青铜器叙事性画像属于早期美学范畴，对其研究须从视觉图像和器物本身出发，以图像学为主要研究方法，交叉跨文化研究、艺术史研究

① 刘敦愿：《关于战国青铜器画像问题的若干思考》，山东大学历史系考古教研室：《纪念山东大学考古专业20周年文集》，山东大学出版社，1992年，第315页。

视角，考察和阐释青铜器叙事性画像的内容与主题，并还原至四维仪式搬演中去看人物画像的叙事模式和视觉机制。

本书尝试运用建构在下列基础上的研究方法。

第一，“纹归于器”的还原式解读。叙事性画像是以青铜器为媒介，其上构图、图式、位置等皆与器型和装饰工艺密不可分。因此解析青铜器上的画像必须将其还原至器物上，看空间大小、器壁曲直、位置经营、装饰技法等对画像细节、构图以及母题组合的影响，以求还原式解析画像内容与主题。此外，探析画像青铜器的性质与功能也不能将画像与青铜媒介割裂开来，而应“纹器合一”，进而“器道合一”。

第二，比较分析。琳琅满目的画像极易让人眼花缭乱，难以明晰现象后的本质，故而将画像解构成相同或相关图像元素进行比较分析，才能厘清千姿百态视觉图像背后的原型，进而探析超越画像本身的主题意蕴。如将阴、阳纹相同或相关的采桑画像模件进行对比分析，才可以发现它们并没有情爱主题表达，而是受空间局限缩短人物间距所引发的细节差异使今人产生的视错觉判断。

第三，多重证据。画像青铜器多是出土文物，因此器物内部的装饰工艺、母题组合、画像等，以及器物外部的出土情况、分期、共生关系、墓主人国别、身份等，是首要的证据。进而，再综合运用传世文献和出土文字材料（甲骨文、金文、简牍等），全方位地对画像和铜器进行解析和论证。

第四，“以礼解画”的多维观测。青铜器上的叙事性画像再现的是礼仪场景，而礼仪场景本身又是多维度、历时性的非物质文化形式。我们在探析画像时不能停留在静态的图像上，而应从仪式的空间场域、角色与行为出发，将画像还原到早期视知觉语境下的多维仪式搬演语境中去解读其动态秩序。

二、写作思路和框架

本书从战国青铜器上采桑画像的搜集与整理入手，纹归于器，即充分考虑器物空间大小、器壁曲直、位置经营、装饰技法等客观因素对采桑画像的影响，透过纷杂的表象还原式探析图像原型、主题及其意涵。

本书共分六章：

第一章，阐明文章写作的起源，对相关国内外研究现状进行简要的回顾和述评，并对研究方法、写作思路、目的等作适当的说明。

第二章，对战国青铜器上的采桑图像材料进行全面的收集和整理。其中涵盖有明确时空关系和出土位置的考古资料，更多的则是收藏于各大博物馆和私人收藏家手中的传世品。这是对青铜器采桑画像进一步分析的充分且必要条件。

第三章，借助甲骨文、金文、先秦典籍以及随葬礼器组合等考察画像青铜器“质”（青铜器）与“文”（画像纹饰）的关系，推演东周画像青铜器在当时所承担的社会角色与功能。

第四章，对采桑画像的主题做初步探析，看主流的“情爱说”是否合理。首先，将采桑画像解构成一个个模件，厘清各模件的原型。进而对那些情爱说的根源图像一一进行分析，包括被释为“信物”的“枝柯”、“彤管”、“花卉香草”、“弓”，以及被释为“牵手”“拉扯”“谈情说爱”的男女动作。最后，再对“情爱说”所依据的文本进行再分析，看是否合理。

第五章，对采桑画像的主题做进一步探析。首先阐明采桑画像中男子在场的原因，分析画像中男女性别角色的身份。其次对男女二人组合的动作和排列秩序进行分析，发现它们之间存在明显的排列秩序和时间秩序。最后再从仪式搬演的特点、n模件的原型以及有时间秩序的同器上其他母题画像、战国漆画、汉代画像等分析“角色动图”推论的可行性。

第六章，探析采桑画像的图式与意涵。采桑画像在方圆的器物上不仅有动静之势，而且有不同的位置经营。这又蕴含怎样的哲学美学意涵呢？采桑画像作为青铜器上唯一男女同在的母题，这与女主人在宗庙祭祀中需要和男主人共承宗祧有关。

第二章　青铜器采桑画像的发现

画像青铜器在装饰技法上有刻划阴纹、镶嵌阴纹和浅浮雕阳纹之分。其中刻纹是用锐利的工具凿刻于锤锻而成的水器（盘匜鉴）之上，镶嵌阴纹和浅浮雕阳纹则是合范模铸而成酒食器（壶、豆、钫、高柄铜钫）。前者器壁极薄（仅1毫米），出土时多已破碎，故而出土器多于传世器；后者则因盗掘等原因多流散于博物馆或私人藏家手中，出土器甚少。有采桑画像的青铜器仅存在于镶嵌阴纹和浅浮雕阳纹中，故而本章首先以发掘时间为脉络爬梳战国早期和战国中期采桑画像铜器的出土发现，并按照器型对收藏于博物馆和私人收藏家手中的藏品作重点分析。

第一节　出土青铜器上的采桑画像

模铸而成的画像铜器不易破损，能给我们提供清晰明辨的纹饰图像。但因盗墓猖獗多流散于中外各大博物馆和私人藏家手中，在断代和墓葬信息上给我们带来了困扰。目前仅有5件采桑画像铜器是出土文物，在此，笔者先对它们的年代、地域、墓葬、纹饰组合等信息做简要梳理。

一、战国早期

例1. 河北平山三汲县铜豆·柄部（图2-1）①

---

① 河北省文物研究所：《河北平山三汲战国墓挖掘报告》，《考古学集刊》第五辑，中国社会科学出版社，1987年，第176-178页。

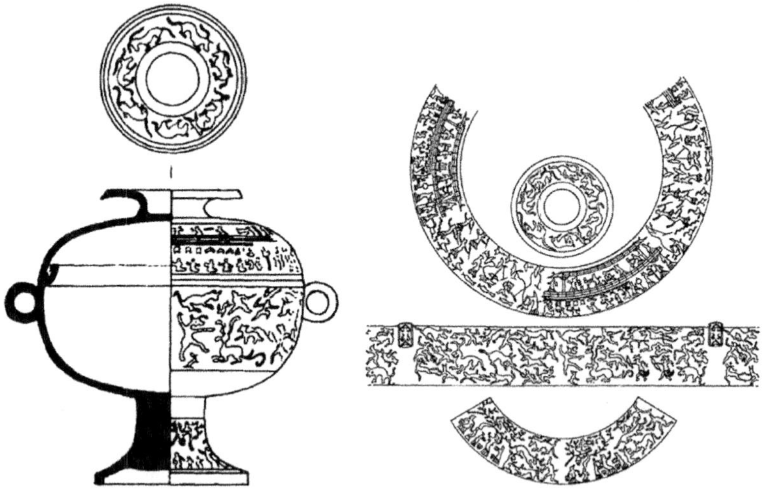

图 2-1　河北平山三汲县铜豆（左：剖面图；右：纹样展开图）①

1981 年，河北省文物研究所对三汲古城出土于 8101 号墓遗址进行全面勘察（现收藏于河北省文物研究所）。发现了铜豆其通高 19.6 厘米，口径 17 厘米，底径 10.4 厘米。豆为子母口，盖呈覆豆状，顶有圆捉手。器腹上部有对称的环耳两个，深腹，喇叭形圆座，豆柄实心。

捉手的顶面、盖面、器腹、柄座上均有凸铸的狩猎纹饰。盖面为两组相同的宴乐和弋射母题，豆腹为两组狩猎纹，豆柄上也为两组相同的采桑和狩猎母题。共有人物 90、兽 63、鸟 26、鱼 6，内容十分丰富。采桑图像中，有桑树一株，一人在桑树上采桑，又有二人共拎桑筐和三人乐舞组合分别位于桑树树干左右。

例 2. 山西襄汾大张墓画像铜壶 · 颈部（图 2-2）②

① 河北省文物研究所：《战国中山国灵寿城：1975—1993 年考古发掘报告》，文物出版社，2005 年，第 276 页（图二一三 · 2）和 278 页（图二一四）。

② 山西省考古研究所侯马工作站：《三件战国文物介绍》，《文物季刊》，1996 年第 3 期，第 57-58 页。

图 2-2　山西襄汾大张墓画像铜壶（左：整器纹饰效果图①；右：采桑画像摹本②）

1994 年春，山西襄汾县南贾镇大张墓地被盗，县公安局追缴文物时获得此壶。其通高 35. 5 厘米，口径 12 厘米，腹径 26 厘米，底径 14. 2 厘米，圈足高 3. 6 厘米。该壶为圆腹，造型简练，体态敦实，器表锈蚀处较少，呈铅灰色，暗光幽泛。壶侈口、短束颈、鼓腹，直圈足，肩部有一对兽面铺首衔环。

壶身以窄纹饰带分为四层：第一层为两组重复的镶嵌采桑和射侯母题，第二层为六组重复的一首双身卷龙纹，第三层为八组重复的一首双身卷龙纹，第四层为首尾相接的蟠螭纹。采桑图像与百花潭铜壶颈部的采桑纹饰相似，也为两株桑树上下分布的采桑男女画面。只不过最下层为一人单膝跪地正在持弓射鸟兽的画面。

例 3. 宣汉罗家坝画像铜豆 · 柄部（图 2-3）③

① 图片源自李夏廷、李劭轩：《晋国青铜艺术图鉴》，文物出版社，2009 年，第 311 页，图 573. 2。

② 图片源自李夏廷、李劭轩：《晋国青铜艺术图鉴》，文物出版社，2009 年，第 38 页，图二九 · 1。

③ 四川省文物考古研究院：《宣汉罗家坝》，文物出版社，2015 年，第 142-145 页。

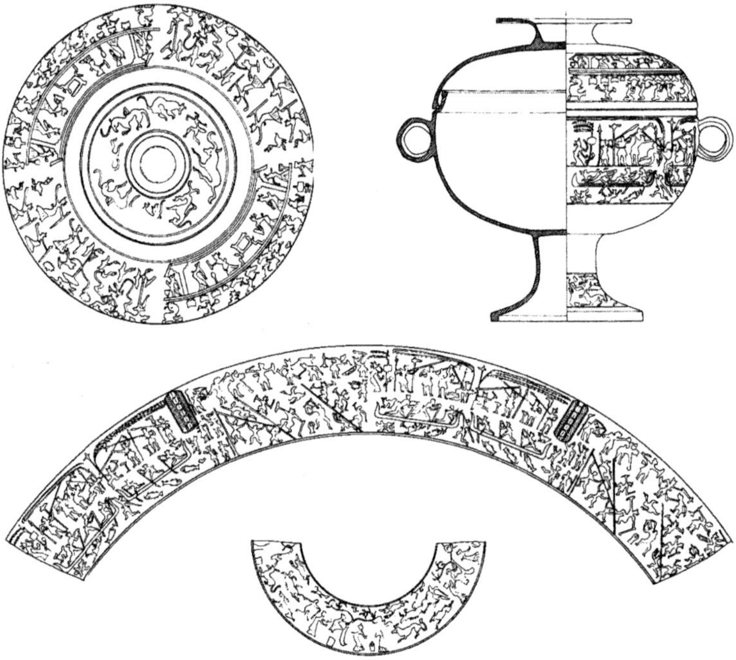

图 2-3　宣汉罗家坝画像铜豆（左上，顶视图；右上：剖面图；下：纹样展开图）①

2003 年 5 月，位于罗家坝外坝西南部的 33 号墓葬被盗，此件器物为其抢救性发掘时出土。通高 20.4 厘米，底径 10.4 厘米，口径 17.4 厘米。此豆与河北平山三汲县铜豆形制相似，为子母口，盖呈覆豆状，顶有圆捉手。器腹上部有对称的环耳两个，深腹，喇叭形圆座。

捉手的顶面、盖面、器腹、柄座上布满了用铅类矿物质错成的图案。捉手上为狩猎纹，盖面是两组重复的宴乐和弋射母题，豆腹为两组重复的水陆攻战纹，柄部为两组重读的采桑纹和狩猎纹。此豆的采桑画面构图与平山铜豆相似，但因其画面面积不如后者大，而省略了树上的采桑者。树干左右的人物组合也稍有变动：左侧一人正在帮助另一人爬树，右侧在递

① 图片源自四川省文物考古研究院：《宣汉罗家坝》，文物出版社，2015 年，第 144 页（图一三四）和 145 页（图一三五）。

取桑叶。

二、战国中期

例 4. 河南辉县琉璃阁 76 号墓铜壶・盖部（图 2-4）①

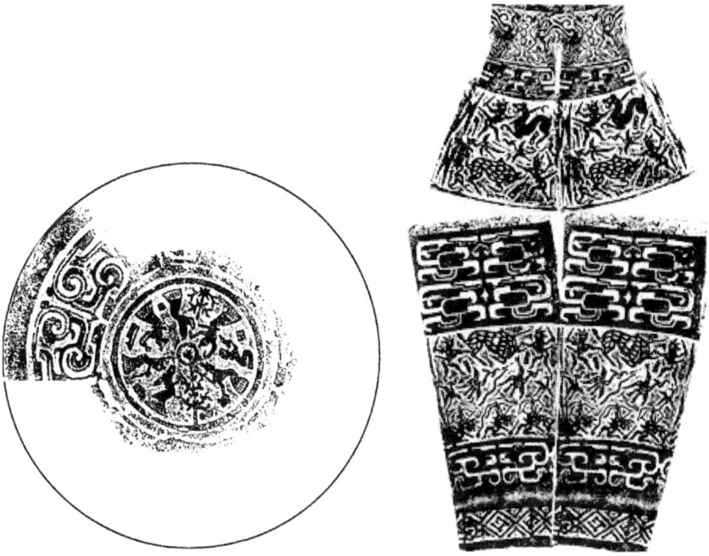

图 2-4　河南辉县琉璃阁 76 号墓画像铜壶（左：壶盖；右：壶身）②

1937 年，出土于河南辉县琉璃阁 76 号墓。其壶高 40. 4 厘米，小口，长颈溜肩，深腹，平底圈足。

壶身的画像以三条宽宽的抽象云纹装饰带为界分为三层，以浅浮雕阳纹装饰：第一层二鸟对立，虫蛇缪绕；第二层两猎人与兽和兕搏斗，间以飞鸟虫蛇及两件不知名的猎具在兽和兕足前；第三层的上部为两人与兕搏斗，兕足前亦有上述两猎具，下部三人在弋射飞鸟。此壶有盖，盖有残

① 郭宝钧：《山彪镇与琉璃阁》，科学出版社，1959 年，第 68 页。

② 图片源自郭宝钧：《山彪镇与琉璃阁》，科学出版社，1959 年，图版壹零叁、图版壹零肆・2。

损，周围是一圈云纹，中心为采桑图。采桑图像中，有桑树两株，人物 7 人（3 男 4 女），包括采桑、乐舞等画面。

例 5. 百花潭 10 号墓嵌错铜壶 · 颈部（图 2-5）①

图 2-5　四川百花潭画像铜壶（左：实物②；右：纹样展开图③）

1965 年，四川百花潭 10 号墓嵌错图象铜壶，现收藏于四川省博物馆。通高 40 厘米，口径 13. 4 厘米，腹径 26. 5 厘米，足高 2 厘米。小口，长颈溜肩，深腹，平底圈足，三鸭形钮。

盖面饰以卷云纹和神兽纹。壶身三条纹分为四层，布满铅类矿物错成的图象：第一层饰以两组重复的采桑和射侯母题，第二层饰以两组重复的宴饮和弋射母题，第三层饰以两组重复的水陆攻战母题，第四层饰以一圈狩猎纹。采桑图像中，多一男一女组合，分别于树上树下进行一些采桑活动，还有桑林乐舞等画面。

① 四川省博物馆：《成都百花潭中学十号墓发掘记》，《文物》，1976 年第 3 期，第 43-46 页。

② 图片源自中国青铜器全集编辑委员会：《中国青铜器全集 · 巴蜀》，文物出版社，1994 年，第 89 页，图一〇〇。

③ 图片源自四川省博物馆，好友张静摄。

第二节　传世青铜器上的采桑画像

一般而言，“传世青铜器”包括两种：一种是指已在历史上流传很久的青铜器，如故宫博物院保存的清宫旧藏；一种是指20世纪随着西方考古发掘方法的传入，因盗掘等原因而流散于各大博物馆或私人收藏家手中的青铜器。单就战国时期有采桑画像的青铜器而言，仅中国台北铜钫1件为清宫旧藏，更多的则是流散于各大博物馆中，出土时间和地点不详，且大多数成对出现。

一、铜壶上的采桑画像

例1. 保利艺术博物馆藏嵌错社会生活图画壶·颈部（图2-6），2件

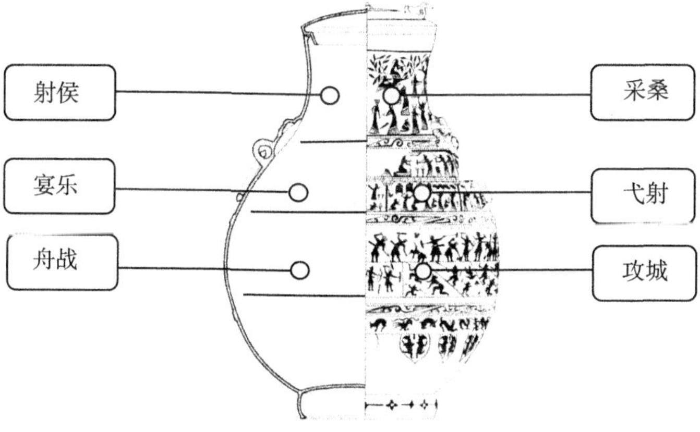

图2-6　保利艺术博物馆藏画像铜壶①

两壶大小、形制、纹饰基本相同：甲壶通高41厘米，口径13.2厘米，

① 图片源自保利艺术博物馆：《保利藏金（续）》，岭南美术出版社，2001年，第188页。

腹径 26.2 厘米，重 5.16 千克；乙壶通高 41 厘米，口径 13.4 厘米，腹径 26.6 厘米，重 5.46 千克。器身口部微侈，短颈，圆肩，鼓腹，腹最大径居中，下腹内收，底部内凹。圈足较矮，足壁中部略向外鼓。壶肩部两侧各一兽面铺首衔环，壶盖三个鸭形钮。

此壶在大小、形制和纹饰上甚至和四川百花潭出土的嵌错图象铜壶相同，唯纹饰中嵌错的物质为“紫红色的金属材料”。壶身由三条细窄的纹饰带分为四层：第一层饰以两组重复的采桑和射侯母题，第二层饰以两组重复的宴饮和弋射母题，第三层饰以两组重复的水陆攻战母题，第四层饰以一圈狩猎纹。采桑画像也与百花潭几乎相同，唯此粉本在下层中多了一个跪坐之人，以及两壶因铺首衔环位置的不同而覆盖的画面有异。

例 2. 故宫博物院藏燕乐渔猎攻战壶·颈部（图 2-7）

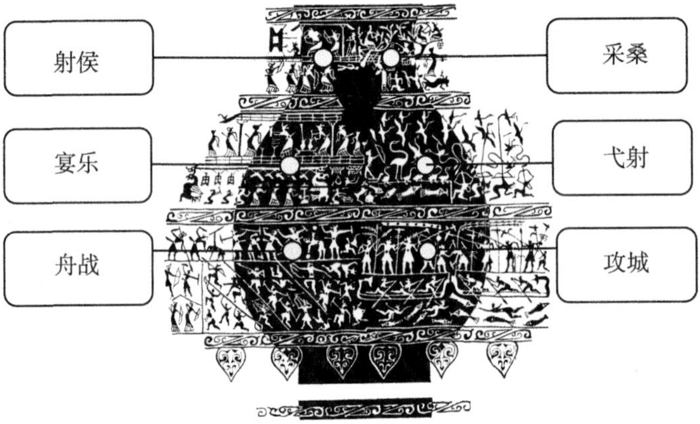

图 2-7　故宫博物院藏画像铜壶①

通高 31.6 厘米，口径 10.9 厘米、最大腹径 22.3 厘米，重 3.54 千克。圆体，侈口、斜肩、鼓腹、矮圈足，肩上二兽首衔环。此器是传世品，盖已佚失。铜壶花纹上原有镶嵌物已失，由于当时在做成熟坑，进行了磨光

① 图片源自故宫博物院：《故宫青铜器图典》，紫禁城出版社，2010 年，196 页。

打蜡处理，将镶嵌物残迹掩盖起来，现在已不可知是何物质。原出土时间、地点不详，20 世纪 40 年代曾为德国人杨宁史所有，中华人民共和国成立以后收归国有，五十年代初拨交故宫收藏①。故宫博物院所编《故宫青铜器图典》中将其断代为战国中期②。

此器的器型与百花潭铜壶相似，唯口径、腹径和通高皆较后者小，故而纹饰上由四层减为三层，图象的细节上也稍有变化：上层颈部为采桑和射侯母题，中层上腹部为宴乐和弋射母题，下层下腹部为水陆攻战主题。这个比百花潭壶略小尺寸的壶，与大张壶的尺寸更为接近，因此采桑图像与大张墓出土的铜壶粉本相同。

例 3. 上海博物馆藏画像纹壶·颈部（图 2-8），2 件

图 2-8　上海博物馆藏画像铜壶③

① 唐复年:《战国宴乐射猎攻战纹壶》,《故宫博物院院刊》,1983 年第 3 期,第 84 页。

② 故宫博物院：《故宫青铜器图典》，紫禁城出版社，2010 年，196-197 页。

③ 图片源自李夏廷、李劭轩：《晋国青铜艺术图鉴》，文物出版社，2009 年，第 314 页，图 575. 1。

例 4. 中国航海博物馆藏画像铜壶·颈部（图 2-9），2 件

图 2-9　中国航海博物馆藏画像铜壶（左：实物图；右：颈部细节图）①

高 34. 2 厘米，腹径 22. 6 厘米，有盖，盖上三只鸭形钮。形制、大小、纹饰均和故宫壶相近：上层颈部为采桑和射侯母题，中层上腹部为宴乐和弋射母题，下层下腹部为水陆攻战主题。此壶原出土时间、地点等信息也均不详。采桑画像也是和故宫壶同一粉本，只不过肩颈处的铺首衔环的位置不同而遮盖住的画面有异。上海博物馆将其段代为战国早期。

其征集自浙江民间，原出土时间、地点等信息也均不详。高 34. 5 厘米，口径 11 厘米，外径 12 厘米，底径 11. 5 厘米。形制、大小、纹饰均和故宫壶相近：上层颈部为采桑和射侯母题，中层上腹部为宴乐和弋射母题，下层下腹部为水陆攻战主题。

例 5. 安大略博物馆铜壶·颈部（图 2-10），

通高 36. 6 厘米，口径 11. 1 厘米，腹径 22 厘米。此壶的出土时间、出土地点及埋藏环境等方面的信息不详。曾为一比利时古董商人收藏，1992 年藏入加拿大皇家安大略博物馆（Royal Ontario Museum），编号 992·

① 笔者拍摄于中国航海博物馆。

图 2-10　安大略博物馆藏画像铜壶（左：整体实物图；右：采桑画像细节图）①

169・1。安大略博物馆官网将其断代为公元前 6 世纪中叶到公元前 5 世纪中叶②，即战国早期。方辉通过与此壶形制和纹饰相近的出土器物和山西侯马铸铜遗址的陶范，推断其年代约在公元前 400 年前后，即战国早期偏晚阶段③。

值得一提的是，此壶的大小和形制与大张壶、故宫壶、上博壶和航博壶相似，故而颈部的采桑和射侯图像采用大张壶粉本。但上腹部的宴乐和弋射图像，以及下腹部的水陆攻战图像却采用更大尺寸的百花潭铜壶粉本。画像铜器是前后两面纹饰本应重复，但安大略壶的上腹和下腹采用的是适宜更宽腹径尺寸的粉本，因此上腹部的宴乐图像仅剩右侧乐舞部分、下腹部的攻城图像仅剩右侧画面（图 2-11）。

① 图片源自皇家安大略博物馆官网，https://collections.rom.on.ca/objects/342652/hu-wine-storage-vessel?ctx=d49ed432-0551-498e-9222-f74e2487527d&idx=2.

② 官网地址：https://collections.rom.on.ca/objects/342652/hu-wine-storage-vessel?ctx=d49ed432-0551-498e-9222-f74e2487527d&idx=2.

③ 方辉：《记皇家安大略博物馆收藏的一件画像青铜壶》，《海岱地区青铜时代考古》，山东大学出版社，2007 年，第 462-477 页。原载于《故宫文物月刊》1999 年第 17 卷第 2 期。

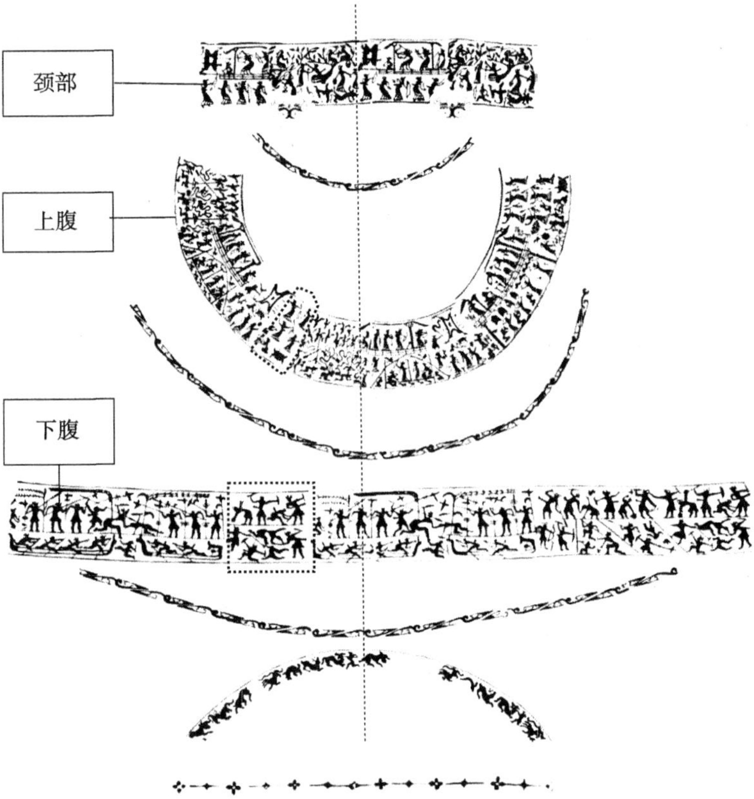

图 2-11　安大略博物馆藏画像铜壶展开图①

例 6. 吉美博物馆藏画像铜壶 · 颈部（图 2-12）②

此壶原为法国的柯蒂斯先生（Mr. Curtis）收藏，后收藏于法国巴黎卢浮宫的吉美博物馆（Musée Guimet）。其具体尺寸不详，形制和其他镶嵌画像铜壶相似。壶身由三条窄窄的纹饰带分为四层：上层为采桑和射侯母

① 图片源自皇家安大略博物馆官网，https：//collections. rom. on. ca/objects/342652/hu-wine-storage-vessel? ctx = d49ed432-0551-498e-9222-f74e2487527d&idx = 2.

② Nicole Vandier, Note sur un Vase Chinois du Musée du Louvre, Revue des arts asiatiques, Vol. 12, No. 4 (DÉCEMBRE 1938), pp. 133-141.

题，第二层为宴乐和弋射母题，第三层和第四层为狩猎母题。这种母题组合的器物仅此一件，其上纹饰也与前面几件器物稍异。如采桑图像，乍看之下与百花潭铜壶和大张壶相似，均为两株桑树构成的桑林空间中的采桑画面，但人物组合及细节却皆不相同：上层画面中，右桑树上的采桑者仅有一女子而无男子、桑树枝叶下奁，左桑树下除了爬树的女子外还多了一个男子；下层画面中，左侧为一人举刀欲砍另一人首级，中间为乐舞画面但仅有两人乐舞，右侧的画面也不尽相同，留待后文详述。

图 2-12　吉美博物馆藏画像铜壶（左：全器纹饰效果图；右：采桑画像摹本）①

例 7. 日本东京国立博物馆藏画像铜壶·盖部（图 2-13）

高 30 厘米，日本东京国立博物馆藏的狩猎铜壶上，壶身是狩猎纹，壶盖为采桑纹。此采桑画像应是以河南琉璃阁 76 号墓铜壶壶盖上的采桑图像为粉本，只不过此壶装饰于壶盖外圈而琉璃阁壶装饰与壶盖中间的圆环内。壶盖上有三个环形钮，因此采桑画面被钮遮挡一些部分。

二、铜豆上的采桑画像

例 1. 华尔特美术陈列馆藏画像铜豆·柄部（图 2-14），1 对

① 图片源自 Nicole Vandier, Note sur un Vase Chinois du Musée du Louvre, Revue des arts asiatiques, Vol. 12, No. 4 (DÉCEMBRE 1938), pp. 133-141.

图 2-13　日本东京国立博物馆藏狩猎铜壶（左：实物图；右：盖部采桑图像摹本）①

图 2-14　华尔特铜豆②

华尔特美术陈列馆（Walters Art Gallery）中有 2 件镶嵌画像铜豆，宽 22.9 厘米、通高 19.6 厘米，陈梦家在《美帝国主义劫掠的我国殷周铜器集录》中将其断代为战国早期。这两件铜豆与河北平山三汲县 8101

① 图片源自李夏廷、李劭轩：《晋国青铜艺术图鉴》，文物出版社，2009 年，第 325 页，图 589.1 和图 589.2。

② 图片源自 Charles D. Weber, Chinese Pictorial Bronze Vessels of the Late Chou Period, Artibus Asiae, Vol. 30 No. 2/3（1968），p218, fig. 63d.

号墓出土的镶嵌铜豆无论是大小还是纹饰皆如出一辙：盖部为宴乐、弋射母题，腹部为狩猎母题，柄部为采桑和狩猎母题。与四川宣汉罗家坝33号墓出土的镶嵌画像铜豆除了腹部为水陆攻战母题画像外，其余部位相似。

三、铜钫上的采桑画像

例 1. 台北“故宫博物院”藏采桑猎钫·下腹部（图 2-15）

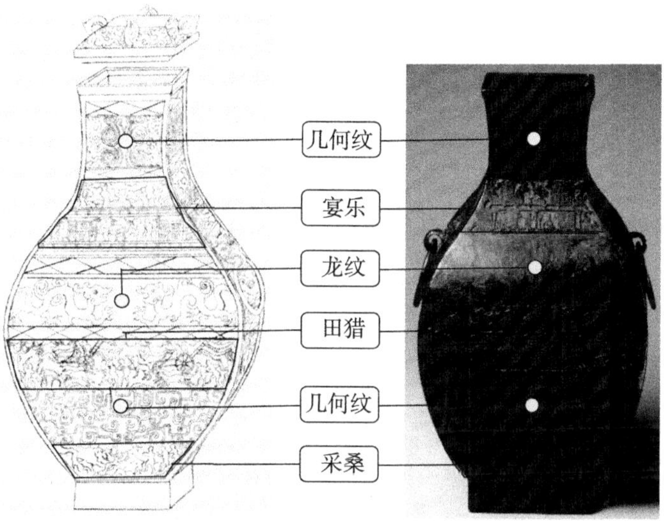

图 2-15　台北“故宫博物院”藏采桑猎钫（左：《宁寿鉴古》中的摹本①；右：实物图）

该钫呈四棱形，方口、平唇、颈较长，斜肩，两肩附连环耳，高足。

此钫是清宫旧藏，原收藏于北京故宫博物院，现收藏于台北“故宫博物院”。乾隆年间刊印的《宁寿鉴古》中（图 2-15·左），有其图像的摹本，并名之为“汉兽环方壶”。但此件器物的出土朝代、出土信息等均没有记载。乾隆年间时此钫是有盖的，盖为四阿覆斗形，每个坡面各有一

① 图片源自（清）梁诗正：《宁寿鉴古》卷 9，民国 2 年上海涵芬楼石印宁寿宫写本，商务印书馆出版，1913 年，第 30 页。

钮。徐中舒称之为“采桑猎钫”，并指出“此器之摹本，错误极多；若非细较，几不知其为一器。”①

此钫四面图案相同，肩部、上腹部和下腹部分别以浅浮雕（阳纹）饰宴饮、狩猎和采桑纹，各画像纹饰之间又饰以相同宽度的镶嵌（阴纹）龙纹、几何纹等装饰带。原物的纹饰并不清晰，因此采桑图像的摹本也不甚清晰。其分为上下两层，左、中、右各一株桑树，人物为一人、二人或三人一组组合在一起。

图 2-16　台北铜钫画像摹本②

例 2. J. J. Lally 藏画像铜钫（图 2-17）

该钫器型与台北故宫铜钫相似，无盖，呈四棱形，方口、平唇、颈较

① 徐中舒：《古代狩猎图象考》，《古器物中的古代文化制度》，商务印书馆，2017 年，第 90 页。

② 其四面纹饰相同，但均腐蚀严重，此为较为清晰的一面，很多人物组合看不清细节。图片出自：陈长虹《贞节与春思——桑下女图考》，《美术史研究集刊》，第 36 期（2014 年），第 49 页，图 8。

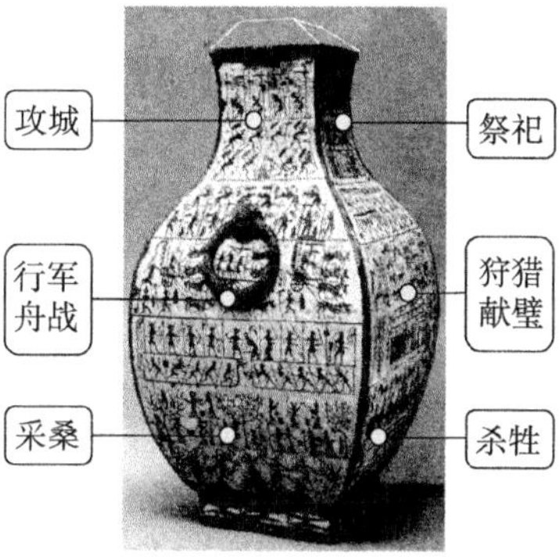

图 2-17 J. J. Lally 画像铜钫（左：实物图；右：采桑局部）①

长，斜肩，两肩附连环耳，高足。高 44.5 厘米，为纽约古董商 J. J. Lally 收藏。东京国立博物馆研究所和美国金相分析说（microanalysis MSMAP）经过实验室测定，将其断代为战国时代②。

四壁上连续两面的画像相同：A 面以战争和采桑为主题，上层为攻城图，中层是行军图和舟战图，下层为采桑；B 面则以祭祀和田猎为主题，下层是祭祀的杀牲、献璧环节，上层是飨神、乐舞环节，中层则为田猎画像，与 A 面的行军画像中车马人物的朝向一致。其中，采桑画像除了三株桑树组成的桑林空间场域中采桑、携桑、乐舞等场景外，其下还有两层人物携桑钩、桑筐、播鼗鼓、击悬鼓而舞的画面。

国庆华在《试说新见两对流散西方青铜器上的建筑和图像》中，将此铜钫与美国纽约怀古堂所藏的画像铜钫称作“A 对”③，虽文中没有附录怀古堂铜钫的图片，但它们的形制和纹饰应该一致。

例 3. 里特贝格博物馆藏画像铜钫（图 2-18）

① 国庆华：《试说新见两对流散西方青铜器上的建筑和图像》，《中国建筑史论汇刊》第六辑，中国建筑工业出版社，2012 年，第 436 页（图 1b）和第 445 页（图 15）。

② 转引自国庆华：《试说新见两对流散西方青铜器上的建筑和图像》，《中国建筑史论汇刊》第六辑，中国建筑工业出版社，2012 年，第 435 页。

③ 国庆华：《试说新见两对流散西方青铜器上的建筑和图像》，《中国建筑史论汇刊》第六辑，中国建筑工业出版社，2012 年，第 435 页。

图 2-18　里特贝格博物馆藏铜钫（左：全器实物图①；右：采桑画像局部②）

该钫器型与台北故宫铜钫和 Lally 铜钫相似，盖亦佚失，呈四棱形，方口、平唇、颈较长，斜肩，两肩附连环耳，高足。高 43 厘米，收藏于瑞士苏黎世的里特贝格博物馆（Rietburg museum）。东京国立博物馆研究所和美国金相分析说（microanalysis MSMAP）经过实验室测定，将其断代为战国时代③。

与 Lally 铜钫一样连续两面的画像相同，就连各画像母题的位置和组合也极为相似：A 面以战争和采桑为主题，上层为攻城图，中层是行军图和舟战图，下层为采桑；B 面则以祭祀和田猎为主题，下层是祭祀的杀牲、献璧环节，上层是飨神、乐舞环节，中层则为田猎画像，与 A 面的行军画像中车马人物的朝向一致。其中，采桑画像除了三株桑树组成的桑林空间场域中采桑、携桑、乐舞等场景外，其下还有两层人物持播鼗鼓、击悬鼓而舞，以及建筑下祭祀的画面。

国庆华在《试说新见两对流散西方青铜器上的建筑和图像》中，将此

① 图片源自国庆华：《试说新见两对流散西方青铜器上的建筑和图像》，《中国建筑史论汇刊》第六辑，中国建筑工业出版社，2012 年，第 436 页，图 1b。

② 图片源自 https://weibo.com/2174434083/GcsYUkiWZ?type=repost#_rnd1617688200909。由微博用户“sergio1968”拍摄于里特贝格博物馆。

③ 转引自国庆华：《试说新见两对流散西方青铜器上的建筑和图像》，《中国建筑史论汇刊》第六辑，中国建筑工业出版社，2012 年，第 435 页。

铜钫与布鲁塞尔古董商 Gisèle Croës 所藏的画像铜钫称作“B 对”①，虽文中没有附录怀古堂铜钫的图片，但它们的形制和纹饰应该一致。而 Gisèle Croës 所藏的画像铜钫经实验室测定断代为西汉时期，而这四件铜钫极为相似，其余三件或许为战国较晚时期的产物。

四、高柄铜钫上的采桑画像

例 1. 东北师范大学藏画像高柄铜钫·下腹部和柄部（图 2-19）

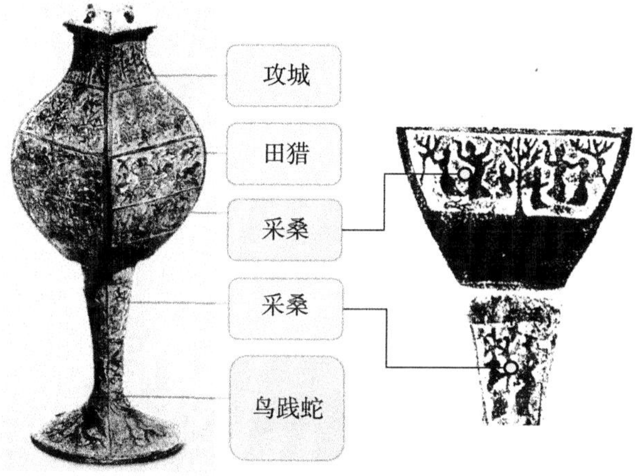

图 2-19　东北师范大学藏高柄铜钫②

东北师范大学文物陈列室收藏有一件高柄铜钫，无明确的出土时间和地点。该器通高 29 厘米，口沿宽 3.8 厘米，腹宽 9 厘米，高约 13 厘米，柄高约 10 厘米。方口、束颈，溜肩，鼓腹，高柄，喇叭形圈足，即缩小版的铜钫再加高柄而已。盖为四阿屋顶状的覆斗形，每个坡面上分别有一个环钮。

钫身四面图案相同，每面分为三层，上层为攻城母题、中层田猎母题、下层采桑母题。高柄为两面相同图案的范合铸而成，上方为采桑母

① 国庆华：《试说新见两对流散西方青铜器上的建筑和图像》，《中国建筑史论汇刊》第六辑，中国建筑工业出版社，2012 年，第 435 页。

② 图片源自孙力楠：《东北师范大学收藏的一件铜高柄方壶》，《文物》，2005 年第 9 期，第 91 页，图一。

题，下方柄足处为鸟践蛇的神异母题画像。

例 2. 德扬博物馆藏画像高柄铜钫·下腹部和柄部（图 2-20）

美国旧金山德扬博物馆（de Young Memorial Mluseum）收藏 1 件画像高柄铜钫。无盖，高度 26 厘米，无论是高度、形制和纹饰皆与东北师范大学所藏的高柄铜钫相似：钫身四面图案相同，上层为攻城母题、中层田猎母题、下层采桑母题。就连两范合铸而成的高柄上图案也相同。在河南辉县琉璃阁 75 号墓中，出土的 308 号铜豆豆柄上的图案与这两个高柄铜钫柄部一样。可惜考古报告中只有豆柄的纹样拓片（图 2-21），而无豆盘形制、尺寸等描述。豆柄有采桑画像者仅此一件，与镶嵌画像铜豆上的采桑阴纹（图 2-1）不同。

例 3. 罗比尔藏画像高柄铜钫·柄部（图 2-22）

图 2-20　德扬博物馆藏高柄铜钫①

图 2-21　琉璃阁 75 号墓铜豆柄部②

图 2-22　罗比尔藏高柄铜钫③

① 图片源自 Charles D. Weber, Chinese Pictorial Bronze Vessels of the Late Chou Period. Part Ⅲ, Artibus Asiae, Vol. 29 No. 2/3（1967）, p187, fig. 45d.

② 图片源自 Charles D. Weber, Chinese Pictorial Bronze Vessels of the Late Chou Period. Part Ⅲ, Artibus Asiae, Vol. 29 No. 2/3（1967）, p187, fig. 45c.

③ 图片源自 Charles D. Weber, Chinese Pictorial Bronze Vessels of the Late Chou Period. Part Ⅲ, Artibus Asiae, Vol. 29 No. 2/3（1967）, p187, fig. 45b.

此高柄铜钫无盖，高度 25.4 厘米，为美国古董商罗比尔（Low-Beer）收藏。钫的四面图案一致，为神人异兽母题，高柄的上部与东北师范大学藏壶和德扬博物馆藏壶一样是采桑画像，但下部略有差异，是神人和双首鸟图案。陈梦家在《美帝国主义劫掠的我国殷周铜器集录》中将此铜器断代为战国初期①。

五、椭栝上的采桑画像

例 1. 波斯顿美术博物馆藏画像椭栝（图 2-23）

图 2-23　波斯顿椭栝（左：实物图②；右：摹本图③）

编号 33.656，高 6.1 厘米，战国时期。器口呈椭圆形，器身两侧各有一环把，其一残缺。关于此器的记载颇少，陈梦家在《美帝国主义劫掠的我国殷周铜器集录》中将其分在“椭器”之列，并言：

> 此器错金，……其上层是廊庑下习射之图和室外车猎之图，下层是树下行乐图。④

① 陈梦家：《美帝国主义劫掠的我国殷周铜器集录》，科学出版社，1962 年，第 142 页。

② 图片源自波士顿艺术博物馆官网，https://collections.mfa.org/objects/29088/wine-cup-bei。

③ 图片源自李夏廷、李劭轩：《晋国青铜艺术图鉴》，文物出版社，2009 年，第 319 页，图 581。

④ 陈梦家：《美帝国主义劫掠的我国殷周铜器集录》，科学出版社，1963 年，第 148 页。

并未给此器命名。《晋国青铜艺术铜鉴》将其命名为“宴飨猎纹舟”，并言：

> 下层即“采桑纹”，但是男女人物多在树下，与树上的鸟儿以及刚突出新芽的桑树共同展现这欢快而生机勃勃的画面。①

此器型的画像铜器目前仅发现2件，另一件收藏于上海博物馆，器物内外壁上均凿刻以宴乐、弋射、乐舞、狩猎等细如发丝的纹饰②。而波斯顿美术馆的这件，在椭栖的两端有明显的模线、模线左右的画面有错位，因此是合范模铸而成后再错金填充的。

山西侯马铸铜遗址出土了一块残模（标本ⅡT9F30：26，图2-24），残宽1.4厘米-2.5厘米，高3.7厘米，厚1厘米-1.4厘米。发掘报告中描述曰：

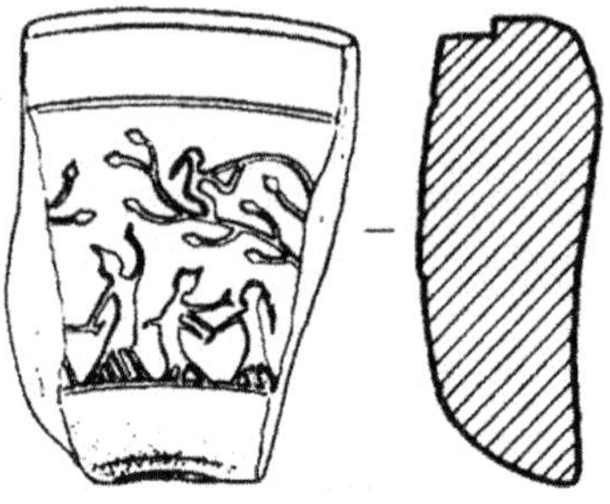

图2-24　山西侯马铸铜遗址出土的采桑纹样残模③

图2-25　波斯顿椭栖（底视图）④

① 李夏廷、李劭轩：《晋国青铜艺术图鉴》，文物出版社，2009年，第319页。

② Jean M. James, A Small Figural Bronze in the Shanghai Museum, Archives of Asian Art, Vol. 48 (1995), pp. 96-98.

③ 图片源自李夏廷、李劭轩：《晋国青铜艺术图鉴》，文物出版社，2009年，第319页，图280。

④ 图片源自波士顿艺术博物馆官网，https：//collections. mfa. org/objects/29088/wine-cup-bei。

> 画面存四人，皆着长衣，两人留长辫似女性，两人似着帻，当为男性。右上部似为桑树，树上一女子攀枝采桑。树下三人，作嬉戏舞蹈状。右边一男一女，男执女手，男子腰际似佩剑。左边站立一男子，一臂上举，一手执另一人手臂（已残，当为女性）。①

上面有采桑人物，且与波斯顿椭杯上的纹饰无论是大小还是器壁曲线均极为相似，因此这个模块或许是椭栝的块模。但遗憾的是，椭栝上的采桑图像并不是很清晰（图 2-25）。再加上此物无论是器型还是采桑纹饰都仅此一件，是非典型的，此件器物仅略提及，在文中不做图像分析。

① 山西省考古研究所：《侯马铸铜遗址》，文物出版社，1993 年，第 205 页。

第三章　画像青铜器的性质与功能

“对于任何一种人工产品而言，它既是人类社会活动和思维方式的产物，同时又是维护这种社会活动和思维方式的因素。”① 有着采桑图像的画像青铜器自然也不例外。值得注意的是，采桑画像皆不单独装饰于青铜器上，而是与射侯、祭祀、弋射、水陆攻战、狩猎等母题集于一器之上。因此，在分析采桑画像之前，需要将画像纹饰（“文”）与其载体青铜器（“质”）看作一个整体，借助甲骨文、金文、先秦典籍以及随葬礼器组合等考察“质”与“文”的关系，并推演东周画像青铜器在当时所承担的社会角色与功能。

第一节　画像铜器的礼器性质

关于画像铜器的性质，考古报告中多将其归于铜礼器之列。然就其上生动、形象的画像纹饰而言，学者却似乎不以为然。

朱凤瀚认为：

> 这两种纹饰皆施于不受热的器物上，不见于鼎、鬲等直接接触火的烹煮器，说明在当时饰有图像纹饰的铜器多亦被作为艺术品。②

---

① 黄厚明：《商周青铜器纹样的图式与功能——以饕餮纹为中心》，方志出版社，2014年，第22页。

② 朱凤瀚：《古代中国青铜器》，南开大学出版社，1995年，第408页。

巫鸿也有此倾向：

> 在这个时期，礼器的制作在很大程度上被奢侈品的制造所替代。在强大的地方统治者的赞助下，一种奢靡的艺术风格成为时尚。纪念性的铭文不再流行，青铜器上的文字标明这些器具是嫁妆或“弄器”。缺乏宗教意义的装饰充斥于器物之上；复杂精巧的设计将一件坚实的铜器转化为一个“蜂房”般的构件。同时，器物也成为了描绘宴饮、竞射以及攻杀等画像的媒介。①

刘敦愿认为青铜器画像是“纯粹为观赏制作”②。

这些观点是建立在将青铜器画像释为男欢女悦的社会风俗（采桑画像）和钟鸣鼎食的贵族“宴乐”基础上的。“艺术品”“奢侈品”“弄器”等画像青铜器属性的定位是否合理呢？值得注意的是，它们虽处在青铜时代末期，但李学勤称之为“青铜器发展的第二高峰”③、郭沫若称之为“中兴期”④ 和“新式期”⑤，朱凤瀚也言：

> 青铜时代的结束并不意味着青铜器不再使用，如一直到汉代，礼器仍主要是青铜制造的，兵器一直到秦代仍有不少是青铜制造的。⑥

① ［美］巫鸿：《中国古代艺术与建筑中的“纪念碑性”》，李清泉、郑岩译，上海人民出版社，2009 年，第 92 页。

② 刘敦愿：《关于战国青铜器画像问题的若干思考》，山东大学历史系考古教研室：《纪念山东大学考古专业 20 周年文集》，山东大学出版社，1992 年，第 303-315 页。

③ 李学勤：《青铜器入门》，商务印书馆，2013 年，第 49-54 页。

④ 郭沫若：《青铜器时代》，《郭沫若全集》卷 1，人民出版社，1982 年，第 606 页。

⑤ 郭沫若：《两周金文辞大系图编序说——彝器形象学试探》，《郭沫若全集》卷 7，人民出版社，1982 年，第 1 页。

⑥ 朱凤瀚：《古代中国青铜器》，南开大学出版社，1995 年，第 16-17 页。

在当时人们的观念中，此类画像是否因处在青铜器时代末期、且以“人”为主角而改变了青铜器的性质呢？在墓葬礼器组合中画像铜器又扮演什么样的角色？这是本节探析的重点。

一、青铜材质的不朽性：永恒的媒介

铜是人类历史上认识的第一种金属，自然界的铜通常呈赤红色，即红铜。古人在长期的生产实践中发现，在红铜中加入少量的锡或铅制造出来的工具更加锋利、耐用，远比红铜优越。这种铜、锡、铅的合金呈金黄色，故称之为“金”，但生锈后则多呈青绿色，故考古学称之为“青铜”。

大约在公元前3000年世界各地的文明相继进入“青铜时代”，中国也在公元前2000年左右进入青铜时代。与西方不同的是，中国的青铜器主要作为礼器出现，并与古代的礼乐制度融为一体。正如张光直所言：

> 就已经发现的铜器来说，在中国古代的青铜器的量，可能大于世界其余各地所发现的铜器的综合；在中国所发现的青铜器的种类，又可能多于世界其余各地所发现的青铜器的总和。人类进化史上……青铜的重要性像在中国这样中心性的，是少之而又少的。①

之所以中国青铜更多的是以礼器的形式在早期政治生活中扮演了重要角色，是由青铜材质决定的。《说文解字·金部》释“金”曰：

> 五色金也。黄为之长。久薶不生衣，百錬不轻，从革不违。

金有五色，以黄金（即青铜）最为贵重，其次是白金（银）、赤金（铜）、青金（铅）和黑金（铁）。金材质最大的特点是：长久埋于地下不

① 张光直：《中国青铜时代》（二版序），生活·读书·新知三联书店，2013年，第2页。

会产生锈斑蚀痕，千锤百炼也不会损耗变轻，铸成器皿后不易变形。青铜材质象征着永恒，恰如青铜器上常刻的“子子孙孙永保是享”之类的铭文，故而用作沟通神人的礼器以示对神灵的虔敬。

有九州之象、王权之征的九鼎，便是凭借青铜不朽的材质特点，才得以夏、商、周三代流传。即《墨子·耕柱》所载：

> 昔者夏后开使蜚廉折金于山川，而陶铸之于昆吾。是使翁难雉乙卜于白若之龟，曰：“鼎成三足而方。”不炊而自烹，不举而自臧，不迁而自行，以祭于昆吾之虚，上乡！乙又言兆之由曰：“飨矣！逢逢白云，一南一北，一西一东，九鼎既成，迁于三国。”夏后氏失之，殷人受之；殷人失之，周人受之。夏后、殷、周之相受也。数百岁矣。①

《墨子·贵义》亦云：

> 古之圣王，欲传其道于后世，是故书之竹帛，镂之金石，传遗后世子孙，欲后世子孙法之也。②

除此之外，墨子还在《非命》《鲁问》《天志》和《明鬼》篇中也多次提及“镂之金石，传遗后世子孙”。其中以《明鬼》篇中阐释更为详尽：

> 古者圣王必以鬼神为，其务鬼神厚矣，又恐后世子孙不能知也，故书之竹帛，传遗后世子孙；咸恐其腐蠹绝灭，后世子孙不得而记，故琢之盘盂，镂之金石，以重之；有恐后世子孙不能敬著以取羊，故先王之书，圣人一尺之帛，一篇之书，语数鬼神之有也，重有重之。③

---

① （清）孙诒让：《墨子闲诂》卷 11，中华书局，2001 年，第 422-426 页。
② （清）孙诒让：《墨子闲诂》卷 12，中华书局，2001 年，第 444 页。
③ （清）孙诒让：《墨子闲诂》卷 8，中华书局，2001 年，第 237-238 页。

古代圣王之法书写下来是为了让子孙后代沿袭，但又怕竹简、锦帛之类的材质腐蚀掉，故而镂刻于坚硬且不易“绝灭”的青铜盘盂之上。

钱存训将古代用于思想交流和文化传播的媒介分为两类：一类是易损的，如竹、帛，这些材料比较便宜，使用于公文、史册、文章等大批量的日常应用；另一类是坚久耐用的材料，如金属和石头，多用于镂刻有纪念性或可流传后世的文本。他认为：

> 前者用于空间上的横向交流，是人与人之间往来的媒介；后者是时间上的直向交流，是人与鬼神及后代子孙间联系的工具。古人似乎对坚硬耐久的材料有所偏好，不仅用于祀神祭祖，而且以之将信息流传后世。①

加拿大学者伊尼斯将前者归为“偏倚空间（space bias）”的媒介，后者为“偏倚时间（time bias）”的媒介②。青铜器显然是后者，能够永久保存这一特点满足了古人“追求永恒”的心理。

画像铜器所产生与流行的春秋晚期至战国中期，不仅是历史的转折期，更是巫鸿所谓的“纪念碑性”铭文、宗教象征意义的纹饰“被一一抛弃”、将“刑书”铸在“恶金”（铁）上“对传统纪念碑性的有意讽刺”的青铜时代末期③。故而画像铜器也常被认为与传统纪念碑性相悖。但如前文所引，战国早期的墨子仍将金石材质视为“永恒媒介”传遗于后世子孙，春秋晚期的铁鼎上铸刻刑书便是对青铜鼎及纪念碑性铭文的权威挑战

---

① 钱存训：《书于竹帛：中国古代的文字记录》，上海书店出版社，2003年，第157页。

② 转引自潘祥辉：《华夏传播新探：一种跨文化比较视角》，复旦大学出版社，2017年，第71页。

③ ［美］巫鸿：《中国古代艺术与建筑中的“纪念碑性”》，李清泉、郑岩译，上海人民出版社，2009年，第92页。

了吗？

答案是否定的。铁鼎铸刑书的典故出自《春秋左传·昭公二十九年》（公元前530年）：

冬，晋赵鞅、荀寅帅师城汝滨，遂赋晋国一鼓铁，以铸刑鼎，著范宣子所为刑书焉。

其实在此事件前23年，同样也发生过一次铸刑鼎事件，即《春秋左传·昭公六年》载："三月，郑人铸刑书。"《左传》之所以收录这两件事以及时人对它们的批判意见，是因将刑书铸于公开性的鼎上是先秦政治和法律上的一大创举，是礼法君主制转向集权君主制的重大历史变革①，而不是因铁有"恶金"的属性。虽然"美金以铸剑戟，试诸狗马；恶金以铸锄夷斤斸，试诸壤土"②，铁作为品相最差的金属被制作成农具使用。但与铁相关的语句，如"以锢金若铁鍱之"（《墨子·备城门》）、"宛钜铁釶，利若蜂虿"（《商君书·弱民》），皆指向铁坚硬的材质属性，与青铜一样是永恒金属媒介。刑书铸铁鼎这一创举，并不影响青铜器永恒媒介的地位和属性。

二、"文"饰之于青铜器：是表而非本

自北宋金石学开创以降，铭文便是主要研究对象，故而当代考古学也有重铭文而轻纹饰的倾向。铭文属于古文字学的研究范畴，是偏倚时间的词语媒介，能精炼地叙述器物自名、作器者（赐器者）和拥有者的身份以及一些重大事情，具有很高的史料价值。纹样则是艺术学的研究对象，是偏倚空间的图像媒介，那些沿袭千年的抽象、粗犷的动物和几何纹饰，虽

① 孔许友：《论春秋时期的刑书书写——以铸刑鼎之争为中心》，《云南社会科学》，2016年第3期，第165-171页。

② 徐元诰撰，王树民、沈长云点校：《国语集解》，中华书局，2002年，第231页。

也有图式和细节变化，但在今人看来却犹如一个个“神秘密码”，始终不若铭文带来的信息更为精准和直观。

然而，这些皆是后人观看两三千年前青铜器的视角，并不一定是铜器产生时期人们的观点。如杨晓能指出：

> 我相信在青铜时代早期，人们熟知纹饰、图形文字和图像铭文的含义与功能，不需要专门解释，这正是为什么在青铜器上没有铭文来说明注解他们意指的主要原因。①

这段话虽是针对青铜时代早期而言，放之于整个青铜时代也可言通——先秦文献用“文”来涵盖文字和图像，青铜器的铭文和纹饰也正因时人甚为熟知，不需多加言论去阐释和探讨。上一章中我们已经言及，纹样与文字在古文中皆作“文”，象文身，故而青铜器上的纹样与文字同样也是器物“文身”的形式，对于器物的性质和功能起到锦上添花和画龙点睛之用，而非决定性作用。

从纹样视角而言，虽然青铜礼器产生之初便与纹饰如影随形，至青铜器末期（春秋战国时期）却出现了无纹饰的素面铜器，但素面铜器上也有的刻以铭文，这些铭文又恰好言明素面铜器的礼器功能（如战国晚期中山王墓出土的“妾子蚉铜圆壶”）。我们只能说青铜时代末期的青铜器工艺精美程度有所衰落，但若因此否认铜器的礼器属性是有失偏颇的。如1978年陕西扶风县齐村出土的㝬簋和1940年在扶风县任家村发现的青铜器群，前者系周天子周厉王的自作器，铸造却比较粗糙、合范的接口处有明显的错动以致花纹不相连，铭文的笔画有脱落和移位的现象；后者制作也尤为苟简，铭文甚至有不少脱漏错字。李学勤认为这表明青铜器工艺的衰落，但并未否认这些重器的性质②。

---

① ［美］杨晓能：《另一种古史：青铜器纹饰、图形文字与图像铭文的解读》，唐际根、孙亚冰译，生活·读书·新知三联书店，2008年，第383页。

② 李学勤：《东周与秦代文明》，上海人民初版社，2007年，第206页。

从铭文视角来看，虽然有“祖先庙号、氏族徽章（商晚期）—册命（西周）—媵器（西周晚期和春秋早期）—弄器（春秋晚期）—工名器重（战国）”的发展轨迹，但“子子孙孙永宝用”所彰显的的不朽礼器属性与“媵器”和“工名”并不矛盾。如：

曹公媵（媵）孟姬悆母般（盘），用祈眉寿无疆，子子孙孙，永寿用之。（《曹公盘》铭，《集成》10144，春秋晚期）

郢姬府所告（造），豚（重）十[illegible]四[illegible]，圣桼（率）一斛（挺）襄（镶），冢（重）三桼（率）二圣桼（率）四[illegible]，郙陵君王子申，攸绛（载）敓（造）鈇（箭）盍（盒），攸立（涖）岁棠（尝），以祀皇祖，以会父佳（兄），祥（永）甬（用）之，官（绾）攸（悠）无疆。（《郙陵君王子申豆》铭，《集成》04694，战国晚期）

前者是春秋晚期曹公给孟姬的媵器，从铭文可知有向祖先神灵祈福之用，子孙长存。后者除了如其他战国时期铜器一样刻有常见的制器者、制器单位、重量、容量等信息外，也言及此豆“以祀皇祖，以会父兄，永用之，绾悠无疆”的功用与祈愿。青铜器上的铭文从最初的单字或几个字，发展至几十字甚至几百字，其中更有很多吉语套辞，我们不能仅根据有限的铭文便限定青铜器的功能与属性。恰如墨子所言“镂之金石，传遗后世子孙”，是因金器宝贵且不朽的材质，而非金器上“子子孙孙永宝用”的文字。即便是无“子子孙孙永宝用”类的铭文，青铜的永恒媒介的属性也足以决定器物有此特质和功能。更何况，无铭铜器的数量是有铭铜器的数十倍①，若以大量的有铭涵盖少量的无铭，恐有以偏概全之嫌。

画像铜器属性的判定也是如此。若因处于青铜时代末期，再加之同样

① 刘雨、沈丁、卢岩、王文亮：《商周金文总著录表》前言，中华书局，2002年。

饰以细密、写实狩猎纹的杕氏壶上“弄壶”的铭文，便被打上“弄器”和“奢侈品”的烙印，是有待商榷的。杕氏壶上铭曰：

> 杕氏福□，岁贤鲜于。可是金契，虘（吾）台为弄壶。自颂既好，多寡不訏。虘（吾）以匽饮，盱我室家。罬（弋）猎毋后，籫在我车。①

关于“弄”之金文，虽然大多数学者采用许慎“弄，玩也。从廾、玉”（《说文解字·廾部》）的观点，认为是玩赏之用，但仍有不同观点。

其一，商承祚认为，有“弄”字铭文的鸟尊、杕氏壶和天尹钟三器花纹皆精美，绝非玩物，“弄当为奉之本字，言其形从艸从玉，言其义，两手奉玉，有兢业敬慎之意。”②

其二，王人聪也同意商承祚的非玩器之说，但认为“弄”应释为“宝”，即三器及有“弄”铭的《智君子鉴》均是彝器，是当时贵族举行祭祀、宴飨等典礼所用之器③。

其三，目前已知殷商至东周有“弄”铭文的器物仅 11 件，即便是将适合把玩的没有铭文的迷你铜器包含在内也仅 36 件④，“弄”之“把玩”释义确实值得商榷。

因此，虽然叙事性画像铜器皆无铭文，但采桑、射礼等仪式母题是青铜器上所独有，且祭祀母题在画像铜器上的核心位置，再加之各母题依据青铜器器型所形成的独特构图、组合等，它们绝非仅仅是观赏性的弄器之属。

---

① 沙宗元：《杕氏壶铭文补释》，《安徽大学学报（哲学社会科学版）》，2001 年第 4 期，第 53 页。

② 商承祚：《十二家吉金图录》，金陵大学中国文化研究所影印本，1935 年，页“栔”2。栔为商锡永“栔斋”之简称。

③ 王人聪：《释元用与元弄》，《考古与文物》，1996 年第 3 期，第 84-86 页。

④ 此数据来自黄铭崇统计的《传世“弄器”及迷你器表》，参看黄铭崇：《殷代与东周之“弄器”及其意义》，《古今论衡》，第 6 期（2001 年 6 月），第 84-85 页。

三、从随葬品组合来看：画像铜器为必不可少的彝器

值得注意的是，画像铜器均是陪葬之器：或出土于墓葬中，或因盗掘等原因流散于海内外。

成书于春秋战国之际的《仪礼》① 中，颇为详细地罗列了士阶层陪葬的器物：

> 古陈明器于乘车之西。折，横覆之。抗木，横三，缩二。加抗席三。加茵，用疏布，缁翦，有幅，亦缩二横三。器西南上，绩。茵。苞二。筲三，黍，稷，麦。瓮三，醯，醢，屑。幂用疏布。甒二，醴，酒。幂用功布。皆木桁，久之。用器：弓矢，耒耜，两敦，两杅，盘，匜。匜实于盘中，南流。无祭器。有燕乐器可也。役器，甲，胄，乾，笮。燕器，杖，笠，翣。（《仪礼·既夕礼》）

《仪礼》将陪葬品统称为“明器”，郑玄注曰：“明器，藏器也。”② 其中“无祭器”一语，是插在“用器”和“燕乐器”之间，显然不是和“明器”对举的概念，而是和“用器”“燕乐器”“役器”“燕器”并举的概念，故而“明器”包括引文中所列举的用器、祭器、燕乐器、役器和燕器，也即所有陪葬器物。

略早一些的《春秋左传·昭公十五年》（春秋晚期）中便有关于“明器”的言论：

> 十二月，晋荀跞如周葬穆后，籍谈为介。既葬除丧，以文伯宴，

① 《仪礼》一书是公元前 5 世纪中叶到公元前 4 世纪中叶的一百多年中，由孔门弟子、后学陆续编撰而成。参见沈文倬：《略论礼典的实行和〈仪礼〉书本的撰作》，《宗周礼乐文明考论》，浙江大学出版社，2001 年，第 54 页。

② （汉）郑玄注，（唐）贾公彦疏：《仪礼注疏》，北京大学出版社，1999 年，第 735 页。

樽以鲁壶。王曰："伯氏，诸侯皆有以镇抚王室，晋独无有，何也？"文伯揖籍谈，对曰："诸侯之封也，皆受明器于王室，以镇抚其社稷，故能荐彝器于王。晋居深山，戎狄之与邻，而远于王室。王灵不及，拜戎不暇，其何以献器？"

王曰："叔氏，而忘诸乎？叔父唐叔，成王之母弟也，其反无分乎？密须之鼓，与其大路，文所以大蒐也。阙巩之甲，武所以克商也，唐叔受之，以处参虚，匡有戎狄。其后襄之二路，鏚钺秬鬯，彤弓虎贲，文公受之，以有南阳之田，抚征东夏，非分而何？夫有勋而不废，有绩而载，奉之以土田，抚之以彝器，旌之以车服，明之以文章，子孙不忘，所谓福也。……"

这里的"明器"，杜预注曰："明德之分器"①，是指诸侯受封时王室赏赐之物，如周文王赏赐晋国始祖唐叔的鼓与大路（周文王伐密须所得）、阙巩铠甲（武王克商时所披），周襄王赏赐晋文公的大路、戎路、鏚钺秬鬯、彤弓虎贲等。从籍谈所言"皆受明器于王室，以镇抚其社稷"与周景王所言"奉之以土田，抚之以彝器"可知，"明器"与"彝器"为一义，既可以指代王室赏赐诸侯之物（"抚之以彝器"），也可以是诸侯贡献给王室之物（"荐彝器于王"）。

《说文解字·糸部》释"彝"曰：

宗庙常器也。从糸；糸，綦也。廾持米，器中宝也。

周景王宴荀跞时"樽以鲁壶"，即用鲁国所进献的"彝器"，可见这些"宗庙常器"非皆为祭祀专用，也可以用来宴飨宾客。这与曾伯陭壶（春秋早期）铭文所言的用途一致：

① （晋）杜预注，（唐）孔颖达正义：《春秋左传正义》，北京大学出版社，1999年，第1343页。

唯曾伯陭迺用吉金鐈鋚，用自乍（作）醴壶，用乡（飨）宾客，为德无叚（瑕），用孝用享，用月易（赐）眉寿，子子孙孙，用受大福无疆。（《曾伯陭壶铭》，春秋早期，《集成》009712）

曾伯陭壶虽非赏赐之物，是用吉金自作的宝器，故而既在宗庙中“用孝用享”又“用飨宾客”。这样的宝器又常常随葬于墓葬中，是以春秋战国之际的《仪礼·既夕礼》以“明器”称随葬之器。也即战国初期的墨子所云：

乎诸侯死者，虚车府，然后金玉珠玑比乎身，纶组节约，车马藏乎圹，又必多为屋幕。鼎鼓几梴壶滥，戈剑羽旄齿革，挟而埋之，满意。

（《墨子·节葬》）①

战国初期厚葬风气盛行：高隆的坟墓、多重的棺椁，再陪葬以华丽的衣锦、金玉珠玑，以及珍贵的鼎、鼓、几筵、壶、鉴等彝器，即使财力雄厚的诸侯也难免府库贮藏之财为之一空（“虚车府”）。故而墨子疾呼节葬，但恐怕收效甚微，因战国晚期的荀子时代仍是厚葬之风不减：

丧礼者，以生者饰死者也，大象其生以送其死也。故事死如生，事亡如存，终始一也。始卒，沐浴、鬠体、饭含，象生执也。不沐则濡栉三律而止，不浴则濡巾三式而止。充耳而设瑱，饭以生稻，含以槁骨，反生术矣。设亵衣，袭三称，缙绅而无钩带矣。设掩面儇目，鬠而不冠笄矣。书其名，置于其重，则名不见而柩独明矣。荐器：则冠有鍪而毋縰，瓮庑虚而不实，有簟席而无床笫，木器不成斫，陶器不成物，薄器不成内，笙竽具而不和，琴瑟张而不均，舆藏而马反，

① （清）孙诒让：《墨子闲诂》卷6，中华书局，2001年，第172-173页。

告不用也。具生器以适墓，象徙道也。略而不尽，貌而不功，趋舆而藏之，金革辔靷而不入，明不用也。象徙道，又明不用也，是皆所以重哀也。故生器文而不功，明器貌而不用。凡礼，事生，饰欢也；送死，饰哀也；祭祀，饰敬也；师旅，饰威也。是百王之所同，古今之所一也，未有知其所由来者也。故圹垄、其貌象室屋也；棺椁、其貌象版盖斯象拂也；无帾丝䍦缕翣，其貌以象菲帷帱尉也。抗折，其貌以象槾茨番阏也。故丧礼者，无他焉，明死生之义，送以哀敬，而终周藏也。故葬埋，敬藏其形也；祭祀，敬事其神也；其铭诔系世，敬传其名也。事生，饰始也；送死，饰终也；终始具，而孝子之事毕，圣人之道备矣。刻死而附生谓之墨，刻生而附死谓之惑，杀生而送死谓之贼。大象其生以送其死，使死生终始莫不称宜而好善，是礼义之法式也，儒者是矣。①

如此众多生时所用之器陪葬，是“以生送死”、“视死如生”的观念决定的。人刚刚由生转为死时，像他活着的时候那样沐浴、含饭，但“充耳而设瑱，饭以生稻，含以槁骨”以免死人复活；下葬时将人生时的器物搬家似的运送至坟墓，但这些生器或缺少部分（冠有鍪而无束发的布帛、有席子而无床、有车舆而无马）、或制作粗糙（竹编的器物不束边、陶质器物无光泽、木质器物不加精美的雕饰、薄器不堪用）、或在下葬时弄得和实用状态有差别（瓮甒内不盛东西、笙竽琴瑟的音调未经过调和、钟磬无悬挂的簨虡）。即儒家在承认生死有别的同时，仍不遗余力地以厚葬来示孝道，而将所陪葬给鬼神的“明器”弄成与活人的“生器”有所差别而已。

成书于秦始皇统一中国前夕的《吕氏春秋》中也载：

---

① （唐）杨倞注：《荀子》卷13，《四部备要》52册，上海中华书局据嘉善谢氏本校刊，第97-98页。

> 国弥大，家弥富，葬弥厚。含珠鳞施，夫玩好货宝，钟鼎壶滥，舆马衣被戈剑，不可胜其数。诸养生之具，无不从者。①

“钟鼎壶滥”与“含珠鳞施”、“玩好货宝”、“舆马衣被戈剑”为并举关系，可知青铜质地的钟鼎壶鉴并非“玩好货宝”，而依旧是墓主人生前宗庙、宴飨所用之彝器、重器。至于宗庙和宴飨之器是否明确分开使用，则与主人的爵位、财力、物力等直接相关。爵位高、财力厚者，自然具备分开的能力，爵位低者连祭器都不得完备、需要假借才行②，因此不具备祭祀和宴飨之器分开使用的权利与财力。随葬画像青铜器的多是卿大夫及少量士阶层墓，不见于诸侯墓，是不具备宗庙和宴飨之器分开使用能力的阶层，故而这些画像铜器应是在祭祀和宴飨中皆使用的礼器。诸侯级别的墓中未见画像铜器，也说明今人推论它们是“弄器”或“奢侈品”难以立足，士大夫阶层都能拥有的“奢侈品”诸侯却没有？因此，画像铜器仍是彝器，生者在宗庙和宴飨中均使用，死后依照墓葬规格随葬于墓中。

虽然文献中壶和豆均为偶数使用，但目前已知出土的画像铜壶和铜豆皆单只，如①百花潭铜壶、②罗家坝铜壶、③罗家坝铜豆、④三汲铜豆。值得注意的是，这些墓葬并非中原墓葬（①②③为巴蜀地区、④为鲜卑族），在礼器的组合上（包括用鼎制度）也与中原有所不同，画像铜壶和铜豆甚至没有其他题材纹饰的壶豆相配。

中外博物馆或收藏家手中的画像壶豆，相较于出土的画像壶豆而言，数量更多且多成对出现：河南山彪镇 1 号墓出土 2 件水陆攻战纹铜鉴、陕

---

① 许维遹：《吕氏春秋集释》卷 10，中华书局，2009 年，第 222-223 页。

② 《礼记·曲礼》载：“无田禄者不设祭器。”郑玄注：“唯天子大夫四命以上者得备具。若诸侯大夫非四命，无田禄，则不得造。”参见（汉）郑玄注，（唐）孔颖达疏：《礼记正义》，北京大学出版社，1999 年，第 114 页。《礼记·曲礼》又载：“问大夫之富，曰有宰食力，祭器衣服不假。”孔颖达疏曰：“若三命以下，有田者造而不备，则假借也。”因此，三命以下的大夫祭器都不可以完备，在祭礼中需用时则在同级的大夫中假借使用。参见（汉）郑玄注，（唐）孔颖达疏：《礼记正义》，北京大学出版社，1999 年，第 114 页。

西凤翔高王寺窖藏中有 2 件画像铜壶，以及上海博物馆藏、中国航海博物馆、保利艺术博物馆均收藏 2 件画像铜壶，阳纹狩猎铜壶更是成对出现（如河南洛阳西工 131 号墓 2 对 4 件、河南辉县琉璃阁 56 号墓 2 对 4 件、75 号墓 3 对 6 件、76 号墓 2 件）。这些器物在类型学上归为晋国铜器，或许在中原地区墓葬中的画像壶豆为偶数。

相对来说，画像水器的出土要比壶豆多很多，且有颇为详细的墓葬信息。但因它们器壁非常薄，故出土时多破损，有的仅剩零星碎片。因此，我们在判断刻纹画像水器的礼器组合时并不能完全依照考古报告的整理，还需要对碎片画像详加厘辨。

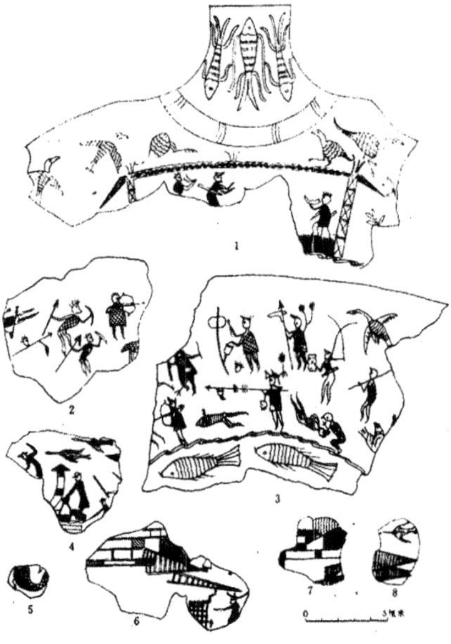

图 3-1　山西潞城潞河 7 号墓刻纹画像铜器残片①

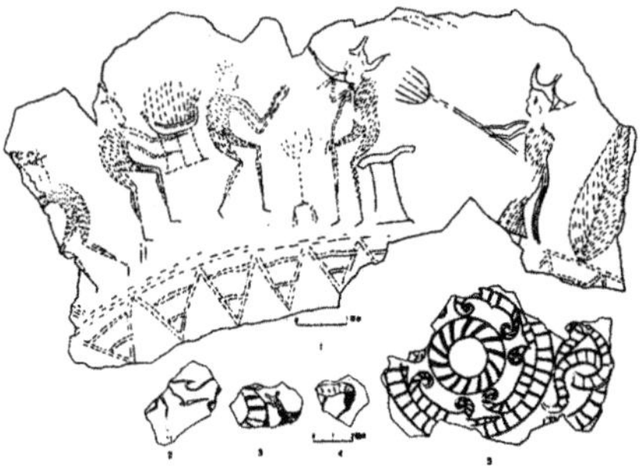

图 3-2　江苏六合程桥东周墓刻纹画像铜器残片②

① 山西省考古研究所、山西省晋东南地区文化局：《山西省潞城县潞河战国墓》，《文物》，1986 年第 6 期，第 9 页，图二〇。

② 江苏省文物管理委员会、南京博物院：《江苏六合程桥东周墓》，《考古》，1965 年第 3 期，第 114 页，图一三。

如山西潞城潞河7号墓考古报告中仅记载一件刻纹“匜”①，此匜口流下已刻有建筑，但报告收录的图中6、7、8三块残片又有两座建筑的右半屋檐画面（图3-1）。根据残片的比例、构图等可以判定这三块与铜匜残片非一器，或为“建筑-建筑”情景式构图的盘鉴，那么此墓应当同时存在刻纹铜匜和铜盘（鉴）组合的礼器。

又如江苏六合程桥东周墓中，考古报告载：

> 在翻上来的墓室填土中找到了一些碎铜片，其中五片有浅刻画纹。它们之间内容虽然有所不同，但是从画纹的风格、刻法以及铜片的厚度（均为0.8毫米）来看，却是完全一样的，因此，他们原来应该是同属一件器物的。②

但若仔细分辨其上画像，残片1明显为铜匜，而残片5是圆形盘鉴底部内壁的图片，以铜匜椭圆底部两蛇缠绕的纹饰不同（图3-2）。

此外，江苏六合县和仁东周墓、山西长治分水岭12号墓、山东平度岳石村16号墓、仅发现了画像铜匜的口流或鋬处。甚至在同时出土了刻纹画像匜、盘、鉴三器的山东长岛王沟2号墓中，匜仅余口流处、盘仅余底部蟠蛇纹、鉴仅余器壁残片。这些器物很幸运地能遗留给挖掘者零星碎片，但刻纹铜器的大部分已残损无踪，那么定然也会存在挖掘时整件刻纹铜器均已残损无踪的情况。是以，出土时的年代、科技水平、墓葬保存情况等均是干扰判断刻纹画像铜器组合的因素。

诚然，我们不能说墓葬中的刻纹铜器均成组出现，但大部分墓葬中应该是成组的。即便是没有成组陪葬，单件的刻纹铜器也可与其他纹饰的器物组合成套礼器，如表3-1中山西太原赵卿墓中的刻纹匜和虎头匜便分别

---

① 山西省考古研究所、山西省晋东南地区文化局：《山西省潞城县潞河战国墓》，《文物》，1986年第6期，第8-9页。

② 江苏省文物管理委员会、南京博物院：《江苏六合程桥东周墓》，《考古》，1965年第3期，第113页。

和夔凤纹三足铜盘、素面盘组成两套盥洗礼器。

表 3-1　　**刻纹盘匜鉴的墓葬信息表**

时代	出土地	墓主身份	主要铜器随葬品	画像铜器	备注
春秋晚期	江苏六合程桥①	吴国贵族	鼎 1 缶 1 刻纹铜器残片剑 3 戈 4 戟 1 马衔 5 编钟 9 铜器 57 件，陶器 8 件	笔者推测残片为①匜和②盘（或鉴）	
春秋晚期	江苏镇江谏壁王家山②	吴国一位统兵贵族	盉 1 虎子形器 1 匜 1 盘 1 鉴 1 炉 1 錞于 3 钩鑃 1 戈 3 矛 7 戟 1 剑 1 镞 33…… 随葬品共清理出 80 件，清理前已被取出后经征集 52 件，共 132 件，主要是青铜器和陶器。	①匜②盘③鉴（出土时均已残损，可复原）	有佚失
春秋晚期	山西太原晋国赵卿墓③	晋国赵卿	鼎 27 鬲 5 豆 14 簠 2 壶 8 鉴 6 罍 2 匜 2（虎头匜 1 刻纹匜 1）盘 2（夔凤纹三足铜盘、素面盘）乐器：编镈 1 套 19 件，编磬 13 件 合计 3421 件，青铜 1402 件，石磬 13 件，玉石器 297 件，金器 11 件（盒），陶器八件，滕弓 1 件，木器 479 件，骨角器 551 件，玛瑙器 17 件，蚌器 117 件，海贝 151 件	①匜	殉葬 4 人，亦有玉铜随葬器物。有车马坑（马 44 匹，车 15 辆）。拥有政治军事实力大大超过一般晋卿和小国诸侯

① 江苏省文物管理委员会、南京博物院：《江苏六合程桥东周墓》，《考古》，1965 年第 3 期，第 113-114 页。

② 镇江博物馆：《江苏镇江谏壁王家山东周墓》，《文物》，1987 年第 12 期，第 25-31 页。

③ 山西省考古研究所、太原市文物管理委员会：《太原晋国赵卿墓》，文物出版社，1996 年，第 67-70 页。

续表

时代	出土地	墓主身份	主要铜器随葬品	画像铜器	备注
春秋晚期至战国早期	山西省定襄县中霍村1号墓①	狄戎族，相当于中原大夫级别	盖鼎4壶2甗1盘（外表素面、内刻鱼纹）1匜1铜泡1铜节约4	①匜	出土的铜器有晋国文化特点，说明铜器来自晋国
战国初期	山西潞城县潞河7号墓②	韩国下大夫	鼎13鉴4豆8壶2罍2罐2盉1簠2甗1舟1盘3匜1勺2编钟28 合计500多件，铜器170余件，玉器150余件，石器20余件，骨器160余件，还有一些漆器残片	①铜匜残片、②铜盘或铜鉴残片	备注：编钟4套超过五鼎墓（1-3套），与九鼎墓4-5套接近
战国早期	山西长治分水岭12号墓③	大夫	鼎5敦2簠1壶1钫1蟠螭纹三足盘1匜残片1鉴1 合计373件，铜器268+5鼎，玉器21，骨角蚌器46，其他8 合计130余件，铜器35，陶器8，玉器59，骨角蚌器30。	①匜残片	
战国早期	山东长岛王沟2号墓④	为康公宗族成员或卿士	豆2鼎＊舟＊壶＊敦1鎏金鉴残片2、鎏金匜残片1，剑2戈2带钩2玛瑙环3玉环3茧型器2等（＊已散失无存）	①匜 ②鉴 ③鉴	原出土过鼎、豆、壶等多件铜器，但大部分在村民挖掘时佚失

① 李有成：《定襄县中霍村东周墓发掘报告》，《文物》，1997年第5期，第10-15页。

② 山西省考古研究所、山西省晋东南地区文化局：《山西省潞城县潞河战国墓》，《文物》，1986年第6期，第8-9页。

③ 山西省考古研究所、山西博物院、长治市博物馆：《长治分水岭东周墓》，文物出版社，2010年，第237-239页。

④ 烟台市文物管理委员会：《山东长岛王沟东周墓群》，《考古学报》，1993年第1期，第69-71页。

续表

时代	出土地	墓主身份	主要铜器随葬品	画像铜器	备注
战国早期或稍后	河南辉县陕县后川2040号墓①	大夫	鼎17（V式5、无盖鼎5、鬲形鼎7）豆10壶3莲花方壶2敦2簠2鉴4盘4（II式2、III式1、刻纹盘1）匜2 随葬器物共1959件，铜器577件，铁剑1把，玉石器368件，还有漆壶和漆盒4件	①盘	鼎内均存有牛骨，也许是周礼大牢制度。
战国中期	山西长治分水岭84号墓②	大夫	鼎5盖豆2壶4匜1鉴1 随葬品100多件，主要为铜器、玉器和骨器	①铜匜残片 ②铜鉴	中间有马骨架一具
战国中期	河南辉县赵固区1号墓③		鼎2鬲鼎1鬲1甗2壶2椭栖1刻纹鉴1 总计157件，陶器27件（鼎5），铜器除了容器还有车马器、兵器，玉器等	①鉴	

第二节 画像铜器的功能

一、人与鬼神、人与人沟通的礼器功能

上文探讨了画像青铜器是卿大夫阶层宗庙、宴飨中的彝器，其最重要

① 中国社会科学院考古研究所：《陕县东周秦汉墓》，科学出版社，1994年，第61-67页。

② 山西省考古研究所、山西博物院、长治市博物馆：《长治分水岭东周墓》，文物出版社，2010年，第280页和287-289页。

③ 中国科学院考古研究所：《辉县发掘报告》，科学出版社，1956年，第115-117页。

的功能莫过于在祭祀中与鬼神沟通。即《墨子·明鬼》云：

故古圣王治天下也，故必先鬼神而后人者。①

其中，刻纹画像盘、匜和镶嵌铜豆，是直接与代表祖先鬼神的“尸”接触的彝器。祭祀当日，当“尸”进入庙门后，有专人捧匜浇水以盥“尸”手，另有专人捧盘以承接盥手之水；盛“大羹”或“黍稷”② 的画像铜豆，会在相应的仪节进献于“尸”，放置于“尸”席前。这些视觉化了的祭祀纹饰更是赋予器物祭祀功能，器内所盛的肉、食、水在器物的赋能下进献给祖先神灵，使他们如生时一样使用或食用，以尽孝子之心。

画像铜壶虽然盛着献神享神的酒醴，但“尸”的酢酒环节则是由“祝”代劳，故而“尸”是不直接与铜壶发生关联的。但鬼神“听之无声，视之无形”，“不知神之所在，于彼乎？于此乎？”（《礼记·郊特牲》）无处不在的鬼神自然也可以看到酒壶及其上纹饰：既有为祭祀做准备的采桑和射仪，又有祭祀当日的杀牲、烹鼎、乐仪等，甚至有子孙后代驰骋战场的骁勇之姿，皆能感知子孙后代的拳拳之心。彝器寄托了宗族成员追念先祖之情、缅怀先人之功绩，并内纳最好的牺牲贡品敬献给祖先，以获得祖神福佑和庇护。

除了祭祀画像，本书所研究之采桑画像本身也是极具沟通天地之功能的。

其一，从采桑画像的内容来看，“神木”、“社树”的桑林语境在古人眼中便具有通神性，更何况采桑母题中还有乐舞、祭祀、射牲等环节，在小空间的高柄铜钫上更是浓缩为桑林乐舞和祈福画面，通神性尤为明显。

其二，采桑母题在画像铜器上的位置多变，但甚合桑树之象：在“地道方”的铜钫上，采桑画像如同桑树扎根黄土一样位于器物最下部，桑树形象笔直挺拔，在几近平直的器壁上似能扶摇直上，直达于天；在如树木

① （清）孙诒让：《墨子闲诂》卷 8，中华书局，2001 年，第 237 页。

② 在晋国赵卿墓共出土 8 件盖豆，有 6 件内含焦化的粮食黍。山西省考古研究所、太原市文物管理委员会：《太原晋国赵卿墓》，文物出版社，1996 年，第 34-40 页。

枝干一样笔直的器物柄部（铜豆和高柄铜钫），一株桑树独自屹立；在“天道圜”的铜壶上，采桑图像位于最上端，桑树形象枝繁叶茂、阴翳蔽日，甚至在阳纹铜壶上直接位于犹如天穹的壶盖上。（详见第六章第二节）

其三，铜壶器型虽象天道（阳），却以阴纹呈现充满动势（阳）的画像纹样；铜钫器型虽象地道（阴），却以阳纹呈现静谧（阴）的画像纹样。再加之阴阳画像纹又分别以红铜、铅锡合金、漆、颜料等物质镶嵌，填平器面、消弭凹（阴）凸（阳），也蕴含着阴阳和合之义。

《礼记·乐记》云：

> 簠簋俎豆，制度文章，礼之器也。

器物的大小、方圆、铭文、纹饰等皆是礼器的组成部分，“器道合一”。三代青铜器的主流纹饰是抽象、神秘、庄重的自然万物几何符号和动物纹（龙、凤、牛、鹿、以及动物合体图案）等，张光直认为它们是沟通天地的“蹻”。而东周新兴的画像纹饰因具象、生动的人物动态造型和超强的自我述说性，与传统纹样风格迥异。

但其实画像题材中也充满了神异元素：如镶嵌狩猎母题中，有很多有翼神兽、四目目兽、兽首人身、鸟人等；阳纹狩猎铜壶中，有鸟蛇相斗、凤鸟、神人异兽等与人兽搏斗、弋射等人事母题共同组成主体纹饰；大张壶中除了颈部为镶嵌采桑、射仪母题外，腹身满饰抽象的传统浅浮雕龙纹、蟠螭纹等；台北铜钫除了阳纹宴饮、田猎、采桑画像纹饰外，还有与画像纹饰同宽的镶嵌龙纹、几何纹装饰带。沟通天地之功能，昭然若揭。

宴飨不仅存在于乡饮酒礼（或燕礼）中，祭祀结束后也均有宴飨，以增强宗族内聚力、敬贤尊老、尚德序齿、和睦乡里，是人与人之间的社交沟通。画像铜壶内的酒，不同的角色在一次次使用它沟通感情的献酌酬过程中，皆能一览铜壶上的礼乐画像。而这些画像纹在内容上虽然仍不离祭祀主题，但形式上却一改传统纹饰，将“人”为主角的仪式画面承载于青铜礼器之上，人代替动物充当起沟通鬼神、天地之“蹻”。更突显由殷商

“敬神”向周代礼乐文明“重人”的转变。

二、文化传承的媒介功能

《春秋左传·成公二年》载：

> 信以受器，器以藏礼。

青铜礼器不同于日常用具，它以实物或符号的身份参与到仪式搬演中，在承载社会意识形态和礼仪功能的同时，也传承着社会文化历史记忆——青铜器无疑是一种重要的传播媒介①。画像铜器更是如此，作为礼器它是礼制的化身，其上礼仪画面所组成的图像信息符号更是简易的礼乐文化传播形式——因人类对图像的感知和理解是与生俱来的，人们不需要经过学习语言符号（文字）就可以看懂。

青铜器是传播媒介，但它却有着超越了“传播”（communiquer）的“传承”（transmission）功能。雷吉斯·德布雷（Régis Debray）定义了两者的区别：

> 在“传承”这一术语语境中，包括所有表现集体记忆的词语；而在“传播”这一术语语境中，则表现的是一定时间内的信息流通。为避免对立，换一种说法，传播是在空间中传递信息，也就是说在同一个时空范围内进行。而传承指的是在时间中传递信息，确切地说，是在不同的时空范围内进行的。传播是属于社会学的范畴，它是以个体之间的心理学研究作为出发点（在信息发出者和接收者之间，以话语行为所构成的基本经验为基础）。传承是属于历史范畴，它是以技术性能为出发点（即通过媒介载体的使用）。一方面，将这里和那里连

① 潘祥辉：《华夏传播新探：一种跨文化比较视角》，复旦大学出版社，2017年，第56页。

> 接起来，形成网络（也就是社会）；另一方面，将以前的和现在的连接起来，形成延续性（也就是说文化的延续性）。心理学家和社会学家不可能不关注有关传播的问题、媒体的功能以及它们的影响。历史学家和人类学家也不能不考虑因代代相传而积累下来的成果或者是因时间的流逝而失去或遭到破坏的东西。代代相传就组成了代与代之间的一个链条。①

简而概之，“传播是必要的条件，但是却不足以执行传承的功能。”②传承虽是时间性的，但传承的主体离不开人，也即墨子所言“传遗后世子孙者知之”以及青铜器“子子孙孙永宝用”、“万年无疆”等自铭。这些铭文一语双关，不仅为了祖先圣王法道得以传承，而且是祈愿子孙万代绵延。作为子孙后代的今人，也正是从这些永恒媒介属性的出土铜器上穿越时间和空间，实现今与昔、此与彼的谋面。青铜器的文化记忆和传承功能可窥一斑。

青铜器上的礼仪画像产生于痛斥“礼崩乐坏”、一心恢复周礼的孔子时期，无论画像呈现于青铜礼器之上的初衷是因礼乐文化的岌岌可危所进行的文化拯救活动，还是缅怀周礼而掀起的视觉“复古”“复礼”运动，抑或是百家争鸣思想影响下个人意识的觉醒，这些视觉图像无疑是礼乐文明的记忆和传承。礼乐画像不仅在竹帛、壁画、漆器等媒介上更为广泛地横向传播，更在一次次程式化、陈规化的礼仪搬演中被观看和使用，充分发扬它的传播和传承功能。

三、“政教合一”的社会功能

礼乐制度，具有政治和教化功能：

---

① ［法］雷吉斯·德布雷：《媒介学引论》，刘文玲译，中国传媒大学出版社，2014年，第5页。

② ［法］雷吉斯·德布雷：《媒介学引论》，刘文玲译，中国传媒大学出版社，2014年，第14页。

礼，经国家、定社稷、序民人、利后嗣者也。(《左传·隐公十一年》)

礼之于正国也，犹衡之于轻重也，绳墨之于曲直也，规矩之于方圆也。(《礼记·经解》)

移风易俗，莫善于乐；安上治民，莫善于礼。(《孝经·广要道》)

是故先王之制礼乐也，非以极口腹耳目之欲也，将以教民平好恶而反人道之正也。(《礼记·乐记》)

乐者为同，礼者为异。同则相亲，异则相敬。乐胜则流，礼胜则离。合情饰貌者，礼乐之事也。礼义立，则贵贱等矣。乐文同，则上下和矣。(《礼记·乐记》)

礼在于区别贵贱，乐在于协调上下，礼乐制度便是统治阶级政治治理和教化的重要手段。《说文解字·教部》释“教”：“上所施，下所效也。”以诸侯级别的采桑、大射、祭祀等礼仪场景为题材的画像铜器，自然也具有政治和教化训诫功能，让观看者皆能效仿，以正仪容、习礼乐、序尊卑。恰如孔子观周明堂壁画上尧舜桀纣等像时所言，“明镜所以察形，往古者所以知今”①。

《韩非子·外储说左上》载：

客有为齐王画者，齐王问曰：“画孰最难者？”曰：“犬马最难。”“孰最易者？”曰：“鬼魅最易。夫犬马，人所知也，旦暮罄于前，不可类之，故难。鬼魅，无形者，不罄于前，故易之也。”②

韩非子所引之典故，可以看出春秋战国时期写实的犬马比虚幻的鬼魅

① （魏）王肃注：《孔子家语》卷3，《四部备要》52册，中华书局，1989年，第19页。

② （清）王先慎：《韩非子集解》，中华书局，2003年，第270-271页。

更难以绘画，因人们已经熟识犬马于心，若画得不像极易识别。那么，铜器上的车马奔兽连同少则几十多则二百余人的画像，难度更大。工匠们不遗余力地将如此复杂、高难度的仪式场景镂刻于金器上，与图像的教化功能是分不开的。

《春秋左传·宣公三年》载：

远方图物，贡金九牧，铸鼎象物，百物而为之备，使民知神奸。

《吴越春秋·勾践二十一年》载：

功可象于图画，德可刻于金石，声可托于弦管，名可留于竹帛。

画像铜器上的戎事母题正是彰显军事力量和功绩，其他彬彬有礼的仪式场景则是宣扬美德与礼制。诚然，铭文同样具有这些功能，然而文字是通过教育才能认识的抽象图识符号，掌握在少数人手中。而人类对图像的感知和理解是与生俱来的，人们不需要经过学习语言符号（文字）就可以看懂，是超越年龄、等级、国别等限制的。故而图像的教化功能，更加直观、易懂。

《论衡·须颂》载：

宣帝之时，画图汉列士，或不在于画上者，子孙耻之。何则？父祖不贤，故不画图也。夫颂言非徒画文也，如千世之后，读经书不见汉美，后世怪之。故夫古之通经之臣，纪主令功，记于竹帛；颂上令德，刻于鼎铭。文人涉世，以此自勉。①

① （汉）王充：《论衡》卷20，《摛藻堂四库全书荟要》227册，叶三正-背。

汉时，子孙后代观看父祖辈时期的列士画像时，以自家父祖不在其列为耻，故而文人都努力以古贤勉励和提升自己，争取列士榜上又名和图。虽然这是汉代的事迹，但可见人物画像是政教合一的有效媒介。

东周画像铜器视觉语境新兴之际，正是先秦诸子“天人合一”的核心思想争鸣之时。在此前数千年里的“绝地天通”的神话语境中，一般人不能与天直接沟通，而是垄断在巫或王手中，王藉由“天”的命令来彰显政治权威。而到了老子和孔子的时代，“天人合一”观念有了质的飞跃：个人可通过高度的精神修养，将“心”净化至一尘不染，便可取得与“天”沟通的自由。春秋晚期的青铜器礼仪画像，不再凸显单个的“巫”或神人形象，而是集体曲腰“磬折”、恭而有礼的谦谦君子形象——即便是身份最尊贵者（比如祭祀母题中的“尸”），身高和姿态也与其他个体无异，完全合乎社会伦理秩序“礼”。

《孟子·尽心》曰：

> 夫君子，所过者化，所存者神，上下与天地同流。①

作为独立个体的君子，可通过修养心中的“浩然之气”，与天地宇宙之气合而为一。而不管是画像中的人物还是画像礼器的受众（使用者和观看者），都是贵族阶层，即百家争鸣中把天人关系从原始宗教信仰的桎梏中上升至哲学思辨、追寻个人生命意义的“君子”所在之阶层。青铜礼器以画像形式呈现人文新思潮的觉醒，同时也是同一目标（天人合一）驱动下教化和推广新思潮的载体：画像人物中文质彬彬、天人合一的君子形象，是观者陶情养气、修身养性的范本和目标；观者以画像为典范修整仪容的同时，又与之产生共鸣，达到“天地与我并生，而万物与我为一”（《庄子·齐物论》）的境界。

① （清）焦循：《孟子正义》，中华书局，1987年，第895页。

而使用于堂上的画像铜壶、铜豆和铜钫上，每个仪式画面皆是角色“动图”叙事，更起到行之有效的“政教合一”功能：观者在以画像中磬折有礼的君子形象修正自身仪容、仪态的同时，还可以根据画像内容所示，观摩单个仪节的完整流程，来指导自身正在进行的仪式搬演。

第四章　采桑画像的主题初探：与情爱有关否？

以往的研究多建立在对采桑画像摹本进行直观分析的基础上，而忽略了这些纹饰皆是模印而成——模印法虽然能够快速而大量地复制纹饰，但即便是同一件器物上相同模件捺印出来的纹饰也存在细微差异，更何况描绘摹本时还要受到材质腐蚀的干扰。因此，如果仅凭视觉经验便对摹本中男女互动的细节得出结论，极易“差之一毫，谬之千里”。

其男女之间的动作真的是在授受或者牵手吗？画像青铜器虽然产生于孔夫子痛呼“礼崩乐坏”的东周时代，但会公然将表达男欢女爱的“非礼”场景以视觉图像形式呈现于青铜重器上吗？是以，我们不得不重新审视这些采桑画像。那么首先，让我们从图像和文本的视角分别剖析一下情爱主题说的正误。

第一节　模件体系是解读采桑画像的可靠出发点

采桑母题所在的青铜器上单就人物图像便动辄二百有余，更不用提琳琅满目的建筑、乐器、酒食器、兵器等。如此大规模、多场景、精致而又细密的纹饰得益于模印法的应用，即将纹样刻成母模印章，在相对应的内模或外范上捺印出纹样，再合范浇铸而成。这种技法大大提高了青铜器纹样的制作速度、降低了制作难度。

模印于铜器上的采桑画像又有阴纹和阳纹之分。

（一）阴纹镶嵌

阴纹采桑图像盛行于战国早中期，饰于铜壶颈部和铜豆柄部。系镶嵌而成，先于陶范上捺印出纹样、铸成凹纹铜器后，再于纹样的凹槽中嵌错红铜、铅锡合金、漆、颜料等材质①。嵌错的纹饰与青铜器表面持平，利用两者颜色差异凸显纹饰内容。这种器物常被称为“镶嵌铜器”（图 4-1）。

图 4-1　阴纹·航博铜壶 ②

（二）阳纹

阳纹采桑图像年代相对较晚，为战国中期的产物，多饰于铜壶的盖部、铜钫的下腹部以及高柄铜钫的下腹部和柄部；系凸铸而成的浅浮雕纹饰，有的还在地纹上填充玻璃性物质和白颜色的泥③。

① 游玲玮：《东周时期红铜镶嵌青铜器研究》，国立台湾大学硕士学位论文，2015 年，第 60-65 页。

② 图片源自中国航海博物馆，笔者摄。

③ 国庆华：《试说新见两对流散西方青铜器上的建筑和图像》，王贵祥编：《中国建筑史论汇刊（第 6 辑）》，北京：中国建筑工业出版社，2012 年，第 437 页。

图 4-2　阳纹·里特贝格铜钫（局部）①

值得注意的是，徐中舒在《古代狩猎图象考》记载了这些器物的地纹上也以白色物质镶嵌，但均已剥落：

《采桑铜钫》……此器图象均作阳纹，盖以此为纹饰，而以白色物质之镶嵌为素地。此为镶嵌法之进步者；但此镶嵌，今均剥落。

《羽人猎壶》……图全镌成阳文，其镶嵌之装饰亦已剥落。

《双凤猎壶》此器与《羽人猎壶》形制相似，可称为姊妹二壶。……图亦为阳文，其镶嵌之物已全部剥落。

《凫鱼猎壶》……图均作阳文，镶嵌之物已剥落。

《小猎壶》……中镌阳文搏兽之状，其镶嵌物亦剥落。②

其中，《采桑铜钫》现藏于台北“故宫博物院”的画像铜钫，《羽人猎壶》和《双凤猎壶》形制与河南辉县琉璃阁出土的阳纹狩猎铜壶一致。因镶嵌物已剥落，所以考古报告中均没有关于镶嵌物质的描述。此外，里特

① 图片源自 https://weibo.com/2174434083/GcsYUkiWZ? type = repost #_rnd1617688200909。由微博用户“sergio1968”拍摄于里特贝格博物馆。

② 徐中舒：《古代狩猎图象考》，《古器物中的古代文化制度》，商务印书馆，2017 年，第 89-91 页。

贝格铜钫和 J. J. Lally 铜钫上也填充了玻璃性物质和白颜色的泥①。

可见，画像铜器阴纹和阳纹上均有白色镶嵌物质，也即《诗经·秦风·小戎》所言“阴靷鋈续”、“鋈以觼軜”、“厹矛鋈錞”之“鋈”。但因镶嵌铜器多指阴纹嵌入，故而本书将阴纹称为镶嵌画像铜器，阳纹称为阳纹铜器或浅浮雕铜器。

诚然，采桑画像所在的铜器也有阴、阳纹相结合者，如山西襄汾大张墓铜壶和台北故宫博物馆所藏的铜钫。前者颈部为阴纹镶嵌的蚕桑和射侯画像，腹部则分三层饰以阳纹的双身龙纹、蟠螭纹等传统纹样。后者肩部、上腹部和下腹部分别以浅浮雕（阳纹）饰宴饮、狩猎、采桑纹，各母题纹饰之间饰以和画像纹饰同宽的镶嵌（阴纹）龙纹装饰带。此两件器物虽然阴纹和阳纹结合，但画像纹饰的装饰技法却是统一的阳纹（故宫钫）或阴纹（大张壶）的。

模印法的另一特征便是：母模印章可细分成多个可置换的“模件”（module）②，模件以不同的方式组合成变幻无穷的纹样，以适应器体的凹凸、曲直、空间大小等变化。位于不同器型上（镶嵌铜壶的颈部、铜豆的柄部，浅浮雕铜壶的盖部、铜钫的下腹部以及高柄铜钫的下腹部和柄部）的采桑纹饰亦是如此：为适应不同的器物空间以及阴、阳纹装饰技法，其上人物两两一组分成数个模件，模件经过一系列位移、拆半、镜像等，重组成不同粉本的纹饰。然而，“万变不离其宗”，这些模件皆围绕采桑主题展开，且阴、阳纹转换之间也存在着联系与区别。因此，厘清各模件的原型，对正确释读画像细节尤为关键。

---

① 国庆华：《试说新见两对流散西方青铜器上的建筑和图像》，王贵祥编：《中国建筑史论汇刊（第 6 辑）》，北京：中国建筑工业出版社，2012 年，第 437 页。

② 德国汉学家雷德侯（Ledderose）给模件的定义是：“零件可以大量预制，并且能以不同的组合方式迅速装配一起，从而用有限常备构件创造出变化无穷的单元。在本书中，这些构件被称为‘模件’”。其认为汉字、活字印刷、漆器、青铜、建筑等均有模件特征，即标准化、分工、可预见设定并可规模化生产。参见［德］雷德侯：《万物——中国艺术中的模件和规模化生产》，张总等译，北京：生活·读书·新知三联书店，2005 年，第 210 页。

一、图像解构：模件原型与流变

采桑画像多一男一女组合，这些男女组合的动作和位置基本一致，在不同器型或阴阳纹装饰技法中略有变化。可细分如下（表 4-1，表 4-2）：

表 4-1　　　　**阴阳纹中相同或有关联的模件一览表①**

	摘桑叶			递钩筐	共拎桑筐	爬桑树	乐舞	递桑叶
阴纹								
阴纹	a	b		c	d	e	f	h
阳纹	a’	m	k	c’	l	e	f	h’
阳纹								

a. 阴纹中，一女子踞踞于桑树上，双手攀扯桑枝撷取桑叶；一男子于树下昂首而立，左臂挽筐，右手举一“弓状物”。阳纹中，树下的男子手中不拿东西。

b. 一男子和一女子相向踞于桑树上，同执一桑枝摘取桑叶。此模件仅存在于阴纹采桑画像中。

① 阴纹模件中，a-d、f、h 是保利艺术博物馆藏铜壶的采桑纹局部细节图，图片出自保利艺术博物馆：《保利藏金（续）》，广州：岭南美术出版社，2001 年，第 190 页；e 是法国巴黎吉美博物馆藏铜壶的采桑纹局部细节图，图片出自 Charles D. Weber, Chinese Pictorial Bronze Vessels of the Late Chou Period 4，Artibus Asiae，Vol. 30 No. 2/3 (1968)，fig. 67d。阳纹模件中，a’、l、f 是美国纽约古董商 J. J. Lally 收藏铜钫的采桑纹局部细节图，图片出自国庆华：《试说新见两对流散西方青铜器上的建筑和图像》，王贵祥编：《中国建筑史论汇刊（第 6 辑）》，北京：中国建筑工业出版社，2012 年，第 445 页，图 15；m、k、c’、h 是瑞士苏黎世里特贝格博物馆藏铜钫的采桑纹局部细节图，图片出处同上，第 441 页，图 9a；e 是台北“故宫博物院”藏铜钫的采桑纹局部细节图，图片出自陈长虹：《贞节与春思——桑下女图考》，《美术史研究集刊》第 36 期（2014 年），图 8。

表 4-2　　　　　　　　**阴阳纹中不同的模件一览表①**

阴纹			
	g	j	i
阳纹			
	n	o	p

c. 阴纹中，一男子坐于树下，左手从对面的女子手中接过钩，并伸出右手够取女子头顶之筐。阳纹中，男子为站姿，双手恭垂，女子一手扶头顶之筐、一手将钩递于男子。

d. 一男子右手拎筐，两臂张开，回首看向其后方的女子方向，女子则左向恭立，双手微向前伸。此模件仅存在于阴纹采桑画像中。

e. 阴纹中，一女子右向、正欲爬树，其左一男子一臂前伸、一臂弯曲；但因男子多处于边缘，常常被省略，仅吉美壶 1 件完整保留了男子画面。阳纹中，男子弯腰下俯，女子踩其背上攀树。

f. 一男子居中张开手臂起舞，左右②各一女子相向起舞，桑筐置于地上。此模件阴阳采桑画像中皆有，阴纹中女子形象较矮小。

① 阴纹模件中，g 是四川成都百花潭出土铜壶的采桑纹局部细节图，图片出自何颖康：《从战国采桑图看四川养蚕及丝织业的历史》，《四川文物》1991 年 01 期，图一；j 是法国吉美博物馆铜壶的采桑纹局部细节图，图片出处同表 4-1e；i 是山西襄汾大张墓出土铜壶的采桑纹局部细节图，图片出自李夏廷、李劭轩：《晋国青铜艺术图鉴》，北京：文物出版社，2009 年，第 38 页，图二九・1。阳纹模件中，n、p 是 J. J. Lally 铜钫的采桑纹局部细节图，图片出处同表 4-1a'；o 是美国旧金山德扬纪念馆藏高柄铜钫的采桑纹局部细节图，图片出自 Charles D. Weber，Chinese Pictorial BronzeV essels of the Late Chou Period 3，Artibus Asiae，Vol. 29. No. 2/3（1967），fig. 45d.

② 表 4-1f 中右者为男子，是摹本的错误。实物上为女子，或许是器物表面的腐蚀影响了临摹者的判断。参见保利艺术博物馆：《保利藏金（续）》，广州：岭南美术出版社，2001 年，第 187、196、197-199 页的实物及细节图。

g. 一男子双手各执一杆状物，交汇于口部，似口中吹奏之乐器；其右一戴三叉冠的男子垂手恭立。此二人面向乐舞者而立，也可视为与 f 模件一组。此模件仅存在于阴纹采桑画像中。

h. 阴纹中，一女子顶筐与一男子相向而立，男子手执桑叶递予女子，两人之间有一“剑形物”。阳纹中，中间的“剑形物”变成刀锯或桑筐，抑或是女子执筐承接桑叶。

i. 一男子单膝跪地，左手执弓，右手于腰间取箭；其前方一鸟、后方一鸟一兽躺于地上。此模件仅存在于阴纹采桑画像中。

j. 一头戴三叉冠的男子，左手抓住另一男子发髻，右手举刀正欲取其首级。此模件仅存在于吉美壶采桑画像中。

k. 一女子站于树旁采摘桑叶。此模件仅存在于阳纹采桑画像中。

l. 女子在前，男子在后，二人共抬一筐桑叶。此模件仅存在于阳纹采桑画像中。

m. 一人双手托举一物。此模件仅存在于阳纹采桑画像中。

n. 一男子与一女子相对而立，动作亲昵且怪异（详见第五章第三节）。此模件仅存在于阳纹采桑画像中。

o. 一男一女在桑树下跪拜，作祈祷状。

p. 比 f 更为盛大的两排乐舞场景：左侧二男子手舞、二男子执鼗鼓而舞，中间一男子一手执排箫一手执鼗而舞、一男子双手执鼓槌敲击悬鼓，右侧两女子一手执钩一手执筐而舞、一男子一女子对舞。在里特贝格博物馆藏的铜钫中（图 6），中间上层的男子及右侧四人皆无，取而代之的是建筑内的祭祀场景。

通过阴、阳纹模件的细分与对比，便可发现阴阳纹中的人物形象也略有差异：阴纹中女子垂长辫、男子佩剑，高矮不一，各模件根据桑树树冠和树干所划分的空间错落有致地排列；阳纹中女子梳高髻，与男子身姿、冠饰相似，唯腰间佩剑能快速区分性别，各模件在桑树划分的空间中水平分层排列。此外，a-j 模件存在于阴纹中，阳纹除了新增 k-p 模件外，还保留了前者的 a、c、e、f、h 模件，唯细节略有差异或呈镜像。

二、图像建构：模件重组以适应器物空间

（一）模件移位

移位仅需将模块中的模件拆分、移动位置后重新组合成新的模块即可，也可将需要移动的单个模件拆出、直接捺印于外范上的相应位置。由于阴、阳纹的工艺工序不同，模件的移位仅发生于阴纹和阴纹、阳纹和阳纹的器物之间。

青铜器空间形体的变化，是模件移位重组的必然因素。如在阴纹铜豆中，采桑纹样所在的扇形空间，与铜壶颈部的矩形空间不同，且尺寸上也难以与后者比拟。因此铜豆上的采桑模件不如铜壶多，且皆出自于百花潭铜壶粉本，又有一些变化（图 4-3）：由于上部空间窄，仅足以安置一株桑树，因此 a、b 模件中选用了树冠相对较小的 a；下部空间虽相对较宽，但若保留 a 模件中的男子，其右侧的剩余空间又不足以置入一个完整模件，因而将乐舞模件（f）移位至此，取代了 a 模件中的男子；桑树下的左侧空间，由于桑树树根在其右上方，则需要左高右低的人物组合，符合尺寸的模件 d 便从铜壶中的右桑树下移至此处。诚然，模件在不断的复制、重组过程中，并非一成不变，而是根据空间布局来增删或变动模件中的元素。如铜壶的乐舞模件（f）中左侧女子头顶桑筐而舞，而铜豆中篮子却挪至地上，系因女子头顶的空间因中间舞者的手袖而减小、而人物下身之间的距离因扇形空间拉大的缘故。又如于铜豆 d 组与左侧桑枝之间的空隙处，便插入一只筐使其画面饱满。

相同器形的画像铜器上，采桑纹样多是固定的模件组合形式，但也不能避免一些偶然性。如吉美铜壶颈部的采桑画像（图 4-4 · 右）便与颈部常见的两种粉本不同，自成一家。虽这件铜壶的具体尺寸不详，但从人物与桑树的比例与位置来看，当与较小尺寸的铜壶（如故宫壶、上博壶、大张壶、航博壶等）相似，即宽度和高度均小于百花潭壶和保利壶（图 4-3 · 左）。按照惯例，应采用有 i 模件的采桑图像粉本（图 4-1）。但独特的

是，大尺寸百花潭壶上的乐舞模件（f）却置入到这个较小的颈部空间中来。为了完整展现乐舞场景，乐舞模件向左上方移动，占据了 a 模件中树下的男子和 c 模件的位置，c 模件则下移至右下角的桑树下。而左下角，因采桑画像中没有构图相符（左低右高）的模件，便从其他母题纹样的模件中挪用一个（j）来填补空白。除此之外，整个采桑画面又比铜壶颈部常见版本偏右，因此 e 模件中的男子才有幸得以保存下来，而右桑树下除了下耷的桑枝外已没有空间置入其他模件。

图 4-3　模件移位示意图 I（左：百花潭壶①；右：华尔特豆②）

因此，模件的一系列移位变化，皆因空间大小、形状的变化而起。

（二）模件镜像翻转

镜像，即模件的左右部分以垂直中轴线为中心进行翻转对换。青铜器制作中最基本的构件“模”与“范”之间本身就是纹样的镜像翻转原理，因此工匠们对这一技法操作颇为熟练。在阴纹和阳纹的采桑纹样模件中，它们所通用的模件（a、c、f、h、f）除 e 外均互为镜像；而阳纹铜钫画面

---

① 图片源自何颖康：《从战国采桑图看四川养蚕及丝织业的历史》，《四川文物》，1991 年第 1 期，第 28 页，图一。

② 图片源自 Charles D. Weber，Chinese Pictorial Bronze Vessels of the Late Chou Period，Artibus Asiae，Vol. 30 No. 2/3（1968），p221，fig. 66h.

中还同时存在模件的正反镜像，如 Lally 铜钫（图 4-5）中的 h、h’ 和 l、l’ 模件，其中 l’ 又因空间的局限删减了男子部分。

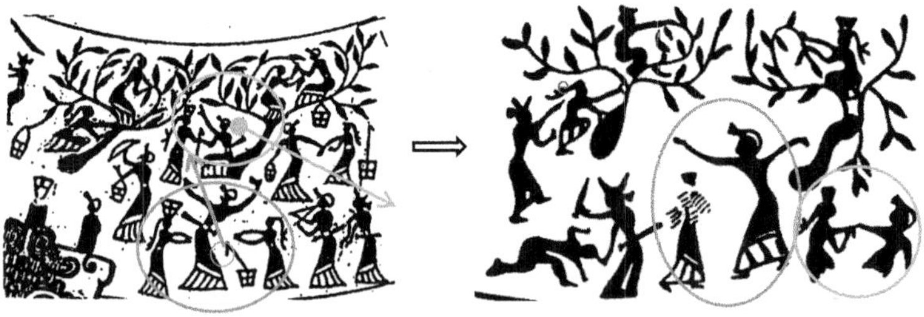

图 4-4 模件移位示意图Ⅱ（左：百花潭壶①；右：吉美壶②）

图 4-5 模件镜像翻转示意图（Lally 铜钫③）

之所以铜钫上同时存在模件的正反镜像，与铜钫下腹部空间较大有关：采桑模件毕竟数量有限（表 4-1 和表 4-2），为填充剩余画面空间，便将相同的模件重复置入。但又考虑到画面的生动性，便将重复的模件镜像

① 图片源自何颖康：《从战国采桑图看四川养蚕及丝织业的历史》，《四川文物》，1991 年第 1 期，第 28 页，图一。

② 图片源自 Nicole Vandier, Note sur un Vase Chinois du Musée du Louvre, Revue des arts asiatiques, Vol. 12, No. 4 (DÉCEMBRE 1938), p. 135, fig. 2.

③ 图片源自国庆华：《试说新见两对流散西方青铜器上的建筑和图像》，《中国建筑史论汇刊》第六辑，中国建筑工业出版社，2012 年，第 445 页，图 15。

翻转，且两者之间相距较远。在里特铜钫（图 11）中有两个 h’模件并存，虽没有彼此呈镜像，却处在采桑纹样对角线上较远的位置。

（三）不同母题之间的模件挪用

吉美壶中（图 4-6·右）与采桑主题较为突兀的 j 模件，是从攻城母题纹样中挪用而来，又稍有不同：后者右侧男子持刀的手高高举起，欲取左者首级，而前者手中的刀已即将落于左者项颈。那么模件 j 是仅仅因空间构图需要而从其他母题中挪用，还是有意识地借用过来、以示对躬桑礼仪中不合礼法者的处罚亦或是“人祭”呢？遗憾的是，此纹样的器物仅此一件，难以多方对比考证，但从实操性来看，挪用不失为模件组合过程中又一简单易行之举。

图 4-6 模件挪用示意图I（左：保利壶上的攻城画像①；右：吉美壶上的采桑画像②）

相同版本的保利壶采桑画像（图 4-7·左和中）比百花潭铜壶（图 4-4·左）在 h 和 f 模件之间多了一个形体矮小之人。虽图 4-7 的左图中此人腿部的姿势较为怪异，但铜壶另一面重复的采桑画像中此人为跪坐姿，与同器之上射侯母题画像中的烹鼎人物一致，唯镜像相反、没有鼎俎类庖厨道具而已。因此，这个小人是从烹鼎画像中挪用而来。

① 图片源自保利艺术博物馆：《保利藏金（续）》，岭南美术出版社，2001 年，第 194-195 页。

② 图片源自 Nicole Vandier, Note sur un Vase Chinois du Musée du Louvre, Revue des arts asiatiques, Vol. 12, No. 4 (DÉCEMBRE 1938), p. 135, fig. 2.

图 4-7　模件挪用示意图Ⅱ（左：保利壶 A 面上的采桑画像；中：保利壶 B 面上的采桑画像；右：保利壶上的射侯画像）①

值得一提的是，阴纹烹鼎图像在器物上的位置常处于各大母题纹样的边缘，且形式多变：或以矩形构图分两层位于祭祀建筑下层、钟磬笙鼓之右侧（如故宫壶②），或一字型排列于射侯母题下方（如保利壶和百花潭壶，图 4-7 右），亦或是见缝插针似的置入执矛而舞的舞者之中（如保利壶和百花潭壶）。它的人物形象比其他母题小，且常根据装饰空间的布局镜像或增删模件，它被挪用于采桑画像中也便不足为奇了。恰如全民皆兵的攻战母题图像中，根据画面空间的增大而置入两个穿深衣礼服的射者（图 4-8 · 左），亦或是酌酒、举觯、献酒的画面（图 4-8 · 右）。它们虽然不一定是从其他母题中挪用而来，但与激烈的攻战主题风格大相径庭。

这种你中有我、我中有你的跨母题模件组合看似扞格不通，却没有违和感，并且似乎都能找到颇为合理的说法。如在里特铜钫的 p 模件（图 4-9）中建筑下的祭祀场景（右边端坐、手举一觯者当为“尸”，其面前置一豆，主祭者右向跪坐），取代了位置相同、内容相似的 Lally 铜钫 p 模件（图 4-10）右侧的五个舞者。这两件铜钫的 p 模件皆位于采桑图像的下部，

① 图片源自保利艺术博物馆：《保利藏金（续）》，岭南美术出版社，2001 年，第 190-191 页。

② 故宫博物院：《故宫青铜器图典》，紫禁城出版社，2010 年，第 196 页，图 158。

Lally 铜钫两端还有树木、右侧有执钩筐而舞的女子，表明 p 模件仍是桑蚕主题，那么建筑下的祭祀当也不离桑蚕语境。

图 4-8　青铜器上的攻战母题画像（左：故宫壶①；右：山彪镇鉴②）

图 4-9　里特贝格铜钫上的采桑画像③

然而细看之下，主祭者腰间佩剑，应为男子，这与女子（后妃或夫人）享先蚕不符。更有趣的是，此建筑的形制和人物情景（图 4-11 · 左），均可在此类画像铜钫颈部的画像中找到（图 4-12 · 中）：双开间建筑为三层建筑的底层，人物情节则与建筑最上层的场景相似。这种上层人物情景与下层建筑的组合也见于台北故宫博物馆藏铜钫（图 4-13 · 右）的颈部：

① 图片源自故宫博物院：《故宫青铜器图典》，紫禁城出版社，2010 年，196 页。

② 图片源自历史语言研究所展品图录制作小组：《来自碧落与黄泉》，中央研究院历史语言研究所出版，1998 年，第 79 页。

③ 图片源自国庆华：《试说新见两对流散西方青铜器上的建筑和图像》，《中国建筑史论汇刊》第六辑，中国建筑工业出版社，2012 年，第 441 页，图 9b。

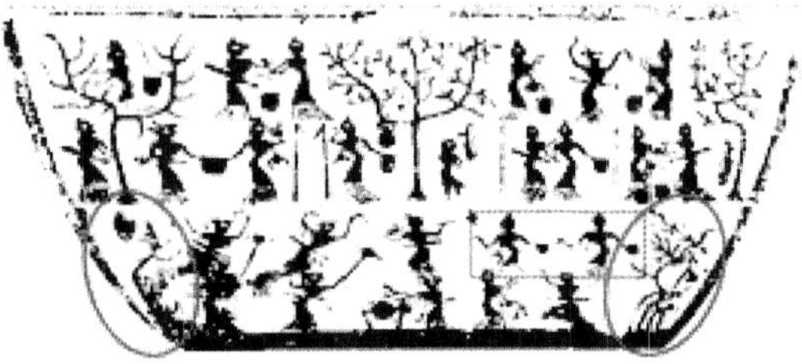

图 4-10　Lally 铜钫上的采桑画像①

因空间构图的局限性，仅刻画三层建筑中的下两层，但也将最上层的人物场景挪至下层建筑空间中。

图 4-11　模件挪用示意图Ⅲ（左：里特贝格铜钫采桑画像中的祭祀画面②；中：里特贝格铜钫颈部的祭祀画面③；右：台北“故宫博物院”铜钫肩颈部的祭祀画面④）

桑蚕主题的祭祀本应是后妃作为主祭者，但却出现了男子祭祀画面，

① 图片源自国庆华：《试说新见两对流散西方青铜器上的建筑和图像》，《中国建筑史论汇刊》第六辑，中国建筑工业出版社，2012 年，第 445 页，图 15。

② 图片源自国庆华：《试说新见两对流散西方青铜器上的建筑和图像》，《中国建筑史论汇刊》第六辑，中国建筑工业出版社，2012 年，第 441 页，图 9a。

③ 图片源自国庆华：《试说新见两对流散西方青铜器上的建筑和图像》，《中国建筑史论汇刊》第六辑，中国建筑工业出版社，2012 年，第 442 页，图 11b。

④ 图片源自许雅惠：《东周的图像纹铜器与刻纹铜器》，《故宫学术季刊》，第 20 卷第 2 期，图 20。

或许是因女子主祭的仪式仅先蚕礼一种，故而直接挪用常见的男子祭祀模件。此时，男子祭祀图像已是祭祀的符号象征，不用特别在意性别细节，依旧可以根据上下画面语境理解为祭祀先蚕。另一种情况下，因后妃、夫人桑蚕“以为祭服”，若认为这是男子祭祀场景也是可行的——可将此画面释为：桑蚕等女红已毕、祭服已成，国君穿着于身参与各种祭祀，并伴有乐舞娱神的仪节。有“圣地”“社”性质的桑林空间语境，又烘托着桑蚕仪式的神圣性。

第二节　物之解读：农具而非信物

浪漫情爱色彩的采桑画像解读，将男女之间所持的器物皆情爱化了，故而有“枝柯”“彤管”“弓韣”等授受信物的释读。但这些器物真的是“信物”吗？物之解读是正确探究采桑画像主题的前提所在，故而笔者首先尝试一析。

一、采桑农具钩：非枝柯或彤管

青铜器采桑画像的爱情主题阐释中，最常见的便是对阴纹铜壶颈部 c 模件的解读——赠送“枝柯”抑或是“静女其娈，贻我彤管”。

图 4-12　镶嵌采桑纹中的 C 模件①

若仔细看镶嵌铜器上 c 模件中所谓的“枝柯”（图 4-12），此物为直杆

① 从左至右依次为：百花潭铜壶、安大略铜壶、保利铜壶、故宫铜壶、航博铜壶、大张铜壶。

状，一端有钩，实为采桑的农具“钩”。据《农书·桑蚕门》载：

> 桑钩，采桑具也。凡桑者，欲得远扬枝叶引近就摘，故用钩木以代臂指板援之劳。昔后妃、世妇以下亲蚕，皆用筐、钩采桑。唐肃宗上元初，获定国宝十三，内有采桑钩一。以此知古之采桑，皆用钩也。①

此书中还附录了桑钩的图片（图 4-13），与采桑纹饰 c 模件的“枝柯”一模一样。

图 4-13 （元）王祯《农书》桑钩②

图 4-14 里特贝格铜钫上的 c 模件③

铜壶颈部空间狭小，使观者因近距离的“递予”动作衍生出了“赠送”、“授受”等浪漫色彩解读。但在大空间的采桑阳纹中，这种阐释不攻自破：如图 4-14 中人物之间的距离拉大，女子正递钩予男子，男子则垂手恭立，全然没有体现出亲昵的举动和追逐情爱的激动或喜悦。而钩，这个

① （元）王祯：《农书》卷 21，《文渊阁四库全书》第 730 册，台湾商务印书馆影印本，1982 年，第 578 页。

② 图片源自（元）王祯：《农书》卷 21，《文渊阁四库全书》第 730 册，台湾商务印书馆影印本，1982 年，第 578 页。

③ 图片源自国庆华：《试说新见两对流散西方青铜器上的建筑和图像》，《中国建筑史论汇刊》第六辑，中国建筑工业出版社，2012 年，第 441 页，图 9b。

采桑农具，在大空间的铜钫中还作为分隔符号出现于模件与模件之间（图4-10）。

二、伐桑农具刀锯：似弓非弓，与“高禖”无关

“会男女”与高禖祭祀实则为一，“高禖”即掌管“会男女”的媒氏之官，“变媒言禖，神之也”，① 祈求人丁兴旺。因此，主张情爱主题的学者还依据《礼记·月令》所载“玄鸟至。至之日，以大牢祠于高禖，天子亲往。后妃帅九嫔御。乃礼天子所御，带以弓韣，授以弓矢，于高禖之前”，将铜壶颈部的阴纹模件 a 中“举弓”的男子释为“王”，正持弓授予其有孕妃子（“天子所御”），进而推测 i 模件中的鸟兽为祭祀高禖的射牲（图4-15）。

图 4-15　采桑画像“高禖说”图解（上博壶②）

这种说法看似比“选取弓材”说。③ 和用弓“钩取桑枝”说④更为合理，但却疑点重重。

① （汉）郑玄注、（唐）孔颖达疏：《礼记正义》，北京：北京大学出版社，1999年，第474页。

② 图片源自上海博物馆，笔者摄。

③ 杜恒：《试论百花潭嵌错图像銅壶》，《文物》，1976年第3期；又收录于李学勤：《新出青铜器的研究》，北京：文物出版社，1990年，第160-166页。

④ 保利艺术博物馆：《保利藏金（续）》，广州：岭南美术出版社，2001年，第190页。

首先，文献资料中并无高禖祭祀在桑林中举行的记载①。诚然，桑林具有“社”的圣地性质②将其与高禖祭祀联系起来不足为奇，但这并不等同于祀高禖和采桑活动一起，更不能望文生义地将桑林中的男女一概而论为高禖（会男女）。

其次，前文已提及，会男女（高禖）的时间早于采桑季，若将图像释为二月举行的高禖祭祀活动，人们提早一个月拿着采桑农具于桑间忙碌，实在难以言通。

再者，a模件中男子的王者身份也有待商榷：其若为祭祀高禖典礼中的“王”，缘何臂弯挎着采桑之筐？缘何有孕的妃子要攀援到树上采桑，且并没有接弓的动作和意愿？

因此，a模件与高禖无关，i模件也不一定是高禖的射牲环节。

那么该如何释读男子“举弓”这一动作呢？其实仔细观摩比对，便可发现男子所持的“弓”值得斟酌：此“弓”（图4-16①，图4-16②）为一边平直、另一边两头略带弧度的长形物，中间不像弓那样有凹入的弓把（图4-16②中便同时有“弓”和弓），也不如弓宽阔，似弓但不是弓。

在阳纹铜钫的m模件中（图4-16③-⑤），同样有男子手持一物站立的形象。此物的特殊之处在于它有一长条与器身成直角，似用来持握之柄。若从柄的握持角度来看，它的用法与削割桑枝之用的刀锯类器物相仿。锯是用来截断木材的农具之一，元代元祯的《农书》载：“锯，今接博桑果不可缺者。”③有嫁接桑树之用。新石器时代便有以骨、石头、蚌等材质打

① 关于先秦高媒祭祀的地点，主要有：城南、高台之上、水边、先妣之庙（如周之閟宫），汉代以后则在城南郊外。参见赵瑞萍：《先秦高禖研究》，西北大学硕士学位论文，2015年，第27-29、37页。

② 闻一多：《释桑》，《闻一多全集》10，武汉：湖北人民出版社，1993年，第554页。

③（元）王祯：《农书》卷14，《文渊阁四库全书》第730册，台湾商务印书馆影印本，1982年，第462页。

磨而成的锯，而先秦出土的青铜锯和铁锯百分之九十以上都是刀锯形制①（图 4-17），可见锯与刀形制相似，有无锯齿是最显要的区别。

图 4-16　采桑画像中相关器具对比图②

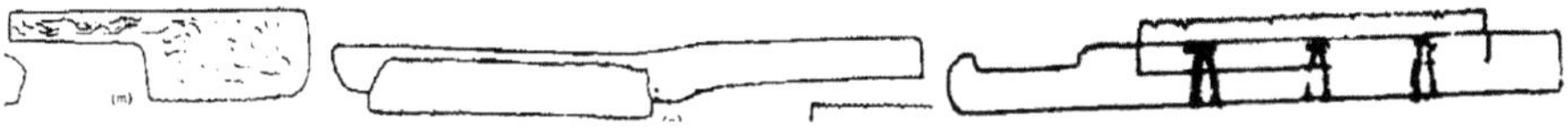

图 4-17　考古出土的刀锯③

（左：刀形锯，河北藁城台西村 M14；中：夹背锯，河南信阳楚墓；右：夹背锯，四川新都木椁墓）

《诗经·豳风·七月》言："蚕月条桑，取彼斧斨，以伐远扬，猗彼女桑。"《农政全书》中收录的伐桑、斫桑的工具有斫斧和劖刀：

> 斫斧，桑斧也。其斧銎匾而刃阔，与樵斧不同。《诗》谓："蚕月条桑，取彼斧斨，以伐远扬。"士农必用。云"转身运斧，条叶偃落于外"，即谓"以伐远扬"也。……北俗伐桑而少采，南人采桑而少伐。岁岁伐之则树脉易衰，久久采之则枝条多结。欲南北随宜采斫互

① 李浈：《刀锯考辩》，《建筑史论文集》第 16 辑，2002 年，第 61 页。

② 图①为 a 模件，出自百花潭壶；图②为 a 模件，出自大张壶；图③为 m 模件，出自里特贝格铜钫；图④为 m 模件，出自台北故宫铜钫；图⑤为 m 模件，出自 Lally 铜钫；图⑥出自 Lally 铜钫；图⑦为 h 模件，出自琉璃阁猎壶壶盖；图⑧为 h 模件，出自百花潭壶。

③ 图片源自李浈：《刀锯考辩》，《建筑史论文集》，2002 年第 2 期，第 58 页，图 3.

用，则桑斧、桑钩各有所施，故两及之。①

劚刀，剝桑刃也。刀长尺余，阔约二寸，木柄一握。南人斫桑、剝桑俱用此刃。北人斫桑用斧，劚桑用镰。镰刃虽利，终非本器，殆不若劚刀之轻且顺也。若南人斫桑用斧，北人劚叶用刀，去短就长，两为便也。②

采桑画像 m 模件中的器物不是斧，那么应是砍斫桑枝的刀锯斧斯类农具。此农具除去一端突出的“把手状”横柄外，形制与 a 模件中的器物颇为相似。铜钫中也有此农具单独倚靠在桑树旁的画面（图 4-16⑥）。

相同形制的农具还出现在河南琉璃阁 76 号墓出土的阳纹狩猎壶壶盖上的 h’模件（图 4-16⑦）中。但因壶盖空间所限，此模件省去了女子形象，仅有递桑叶的男子和地上的农具。在与其呈镜像的镶嵌铜壶颈部 h 模件中（图 4-16⑧），地上的器物却为一“剑形物”。那么，这是剑吗？虽然此模件中的男子恰巧腰间并未佩剑，但腰间无剑在采桑阴纹中十分常见（如表 4-1a、d、e 模件中的男子），更何况象征君子身份与高尚德行的剑却被弃于地上，实在有悖于常理。因此，它不是剑。

仔细甄别之下，这一所谓的“剑形物”前端并不像剑那样尖窄，而是更为平阔，应为《农政全书》所载“刀长尺余，阔约二寸，木柄一握”③的伐桑劚刀类农具。《农政全书》中还附录了明代劚刀的插图（表 4-3），其前端平阔且直，与 h 模件极为相似。王祯《农书》中也附录了元代劚刀的插图（表 4-3），与采桑阴纹 a 模件中的“弓形物”神似，为一边平直、另一边略带弧度的长形物。

① （明）徐光启：《农政全书》卷 34，《文渊阁四库全书》第 730 册，台湾商务印书馆影印本，1982 年，第 488-489 页。

② （明）徐光启：《农政全书》卷 34，《文渊阁四库全书》第 730 册，台湾商务印书馆影印本，1982 年，第 491 页。

③ （明）徐光启：《农政全书》卷 34，《文渊阁四库全书》第 730 册，台湾商务印书馆影印本，1982 年，第 491 页。

表 4-3　　**劙刀插图与采桑画像中的器具对比表**

《农政全书》劙刀①	h 模件	《农书》劙刀②	a 模件

虽然以后世之器比对前世之器有不妥之处，但既然 m 与 h 模件中的器物均为伐桑刀锯类农具，那么 a 模件中同样细长的“弓形物”也为砍斫桑枝农具的可能性极大。如此一来，男子举农具递给树上女子抑或是自己砍伐桑枝，合乎情理。可见，a 模件的“举弓”图像并非“选取弓材”、“钩取桑枝”抑或是高禖祭祀中的“授弓矢”，而是采桑中常见的伐桑动作。

值得注意的是，在空间更大的铜钫下腹部，桑树与桑树之间的距离变大足以容纳一至三个模件，因此故宫铜钫和里特贝格铜钫上已无树上采桑者。Lally 铜钫（图 4-18 · 下左）虽保留了树上的采桑者，但树下的男子手中不再高举农具。更有趣的是，铜钫中举刀锯的 m 模件是必不可少的。这更能佐证阴纹中 a 模件的“弓形物”为刀锯类伐桑工具：在较大空间的阳纹铜钫上，采桑与伐桑拆分为两组模件（k+m 或 a’+m’）；而在较小空间的阴纹铜壶上，采桑与伐桑合二为一 a 模件（图 4-18 · 上）。

① 图片源自（明）徐光启：《农政全书》卷 34，《文渊阁四库全书》第 730 册，台湾商务印书馆影印本，1982 年，第 491 页。

② 图片源自（元）王祯：《农书》卷 21，《文渊阁四库全书》第 730 册，台湾商务印书馆影印本，1982 年，第 579 页。

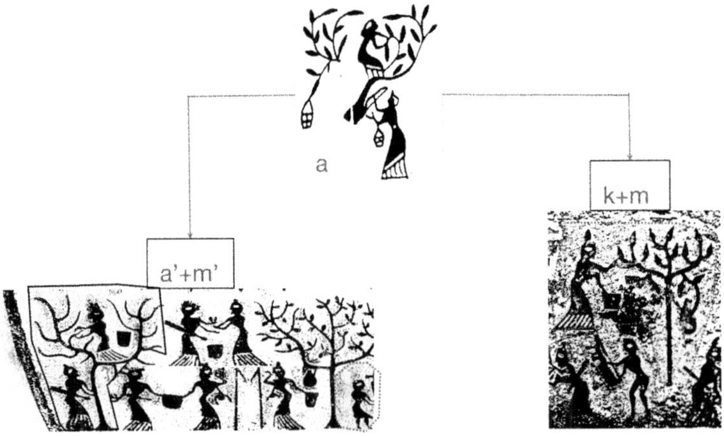

图 4-18　阴阳纹中“采桑—伐桑”关系图
（上：保利壶①；下左：Lally 铜钫②；下右：里特贝格铜钫③）

第三节　男女动作分析：分工合作而非授受

采桑画像的情爱主题还源于男子赠送女子“花卉香草”（h 模件）、男女“牵手”或“拉扯”（d 模件）以及“谈情说爱”（o 模件）的动作图像解读。那么，这些图像真的是情爱表达吗？笔者将细细分析。

一、h 模件：男子递桑叶而非赠送“花卉香草”

李夏廷言：

---

① 图片源自保利艺术博物馆：《保利藏金（续）》，岭南美术出版社，2001 年，第 190-191 页。

② 图片源自国庆华：《试说新见两对流散西方青铜器上的建筑和图像》，《中国建筑史论汇刊》第六辑，中国建筑工业出版社，2012 年，第 445 页，图 15。

③ 图片源自 https：//weibo. com/2174434083/GcsYUkiWZ？type = repost # _rnd1617688200909。由微博用户“sergio1968”拍摄于里特贝格博物馆。

在所谓采桑纹中，可以看到男女人物多半成双成对在一起，或手舞足蹈，或谈情说爱，有些人手中还持有花卉香草，并做出互相赠送的动作。①

表 4-4　　　　阴阳纹中的 h 模件

阴纹	阳纹	阳纹	阳纹
故宫壶	琉璃阁猎壶壶盖	Lally 铜钫	里特贝格铜钫

我们先来看一下所谓“持有花卉香草”的画像，即 h 模件（表 4-4）。阴纹画像器物中，此模件仅见于百花潭铜壶上②：女子头顶桑筐垂手而立，男子手持“三叶物”递予女子，二人之间置一伐桑农具。阴纹画像器物中，琉璃阁猎壶壶盖上因空间局限，仅剩男子手捧“三叶物”，地上同样有伐桑农具；Lally 铜钫上男子递“二叶物”给女子，女子伸手去接，两者中间的地上有一桑筐；里特贝格铜钫中，男子递“三叶物”给女子，女子一手持桑筐、另一手前伸，似用桑筐来承接。

若言所递物品为花卉香草，便会与桑筐和伐桑农具格格不入。更何况女子用筐盛接男子所递之物的画面（里特贝格铜钫），正是“男不言内，女不言外。非祭非丧，不相授器。其相授，则女受以篚”（《礼记·内则》）的写照。因此将男子手中之物强释为“花卉香草”不妥，结合桑林这一空间语境，此“花卉香草”实为桑叶，男子采摘桑叶递予女子。

① 李夏廷：《关于图像纹铜器的几点认识》，《文物集刊》，1992 年第 4 期，第 46 页。

② 保利壶虽与百花潭铜壶为同一粉本，但 h 模件恰好被铜壶的铺首衔环覆盖住。

二、d 模件：男子帮女子拎筐而非“牵手”或“拉扯”

李学勤将阴纹 d 模件（图 4-19）释读为“一个男子用手牵住女子的双手”①；陈长虹释为：“树右有男子手拽女子前行，女子似有推拒之意，身后地面上采桑的工具摇摇欲倾”②；李夏廷则将他们释读为“类似鲁大夫秋胡于桑园戏妻，以及晋大夫解居父于路途调戏采桑女一类故事的画面”③。

阳纹中虽然没有 d 模件，但在同为阴纹的华尔特铜豆柄部上，d 模件（图 4-20）二人的手并未交在一起，而是男子帮女子拎筐运桑、女子躬手示谢之状。阳纹中有男女共抬一筐的 l 模件（图 4-21），似由 d 模件的人物动作演变而来，符合《诗经 · 豳风 · 七月》所言“殆与公子同归”。

图 4-19 百花潭壶 d 模件④

图 4-20 华尔特豆 d 模件⑤

图 4-21 Lally 钫 l 模件⑥

① 杜恒：《试论百花潭嵌错图像铜壶》，《文物》，1976 年第 3 期，第 49 页；又收录于李学勤：《新出青铜器的研究》，文物出版社，1990 年，第 160-166 页。

② 陈长虹：《贞节与春思——桑下女图考》，《美术史研究集刊》，第 36 期（2002 年），第 4 页。

③ 李夏廷：《关于图像纹铜器的几点认识》，《文物集刊》，1992 年第 4 期，第 46 页。

④ 图片源自何颖康：《从战国采桑图看四川养蚕及丝织业的历史》，《四川文物》，1991 年第 1 期，第 28 页，图一。

⑤ 图片源自 Charles D. Weber, Chinese Pictorial Bronze Vessels of the Late Chou Period, Artibus Asiae, Vol. 30 No. 2/3（1968），p221, fig. 66h.

⑥ 图片源自国庆华：《试说新见两对流散西方青铜器上的建筑和图像》，《中国建筑史论汇刊》第六辑，中国建筑工业出版社，2012 年，第 445 页，图 15。

由此可见，这些图像并非男女私下授受、追逐恋爱自由的“桑间濮上”之景，只因壶颈空间较小、人物间距近而产生的细节差异或视错觉而已，这在空间较大的阳纹器物中便不复存在。可见，单元模件虽能够快速而大量地复制，但仍需受到空间的限制，即便是同一件器物上相同模件捺印出来的纹饰也存在细微差异，更何况还要受到材质腐蚀的干扰，若不仔细厘辨，极易“差之一毫，谬之千里”。

三、o模件：桑林乐舞而非“谈情说爱”

李夏廷言：

> 现存美国旧金山亚洲美术馆的错纹高柄铜钫下层，可见一对男女相跪于一株小树两侧的画面，有人称他们“跪作膜拜状”，是“拜树图而非采桑”，其实这也是表现谈情说爱，因为当时坐姿为膝部着地，故易被今人误认作“跪拜”。①

那么，释为“谈情说爱”又是否正确呢？

在本书第一章第二节已经提及，高柄铜钫这一器型为小铜钫加高柄而已，其小铜钫的尺寸（口沿宽3.8厘米、腹宽9厘米、高约13厘米）较常规铜钫（如Lally铜钫高44.5厘米，里特贝格铜钫高43厘米）缩小了一半。因此，同位于下腹部的采桑画像也相应浓缩，但左、中、右三株桑树的构图没变。无论是桑树的布局还是人物的朝向和数量皆呈中轴对称式（图4-23）：最左侧和最右侧之人面朝桑树，或许是采桑动作以点名采桑主题，与Lally铜钫中的站立采桑者（图4-22）形象相似；左侧和右侧中间的人物正在跳舞，与Lally铜钫f模件中间的舞者相似；中间二人相向而跪，手臂举于胸前。在高柄的上部还有一株桑树，其左右

① 李夏廷：《关于图像纹铜器的几点认识》，《文物集刊》，1992年第4期，第46页。

各一人相向而立。

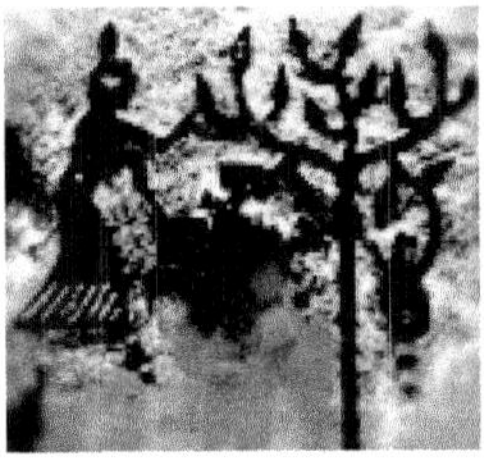

图 4-22　里特贝格铜钫上的站立采桑者①　图 4-23　德扬高柄铜钫上的采桑画像②

图 4-24　Lally 铜钫上的乐舞模件③

仔细观察可以发现，中间桑树旁的二人仅左侧之人为跪姿，右侧之人下身的裙摆与其他站立乐舞或采桑的人物无异，因此是站姿，故而两人并不是皆“跪”或“坐”。

本章第一节探讨模件挪用时，已经分析保利铜壶的采桑画像从射侯画像中挪用了一个烹鼎的跪坐姿小人，但颈部两面的画像中小人一为跪坐姿、一为奇异的姿势（图 4-7）。可见模印法虽然能够快速的复制纹样，但也会有些偶然因素的差别。又如保利壶前后两面的射侯画面中，建筑下满

① 图片源自 https：//weibo.com/2174434083/GcsYUkiWZ？type = repost #_rnd1617688200909。由微博用户“sergio1968”拍摄于里特贝格博物馆。

② 图片源自 Charles D. Weber, Chinese Pictorial Bronze Vessels of the Late Chou Period 3, ArtibusAsiae, Vol. 29. No. 2/3（1967），第 187 页，图 45d.

③ 图片源自国庆华：《试说新见两对流散西方青铜器上的建筑和图像》，《中国建筑史论汇刊》第六辑，中国建筑工业出版社，2012 年，第 445 页，图 15。

弓引射的人姿势也不尽相同（图 4-25），B 面或许因器物的腐蚀、磨损等因素使其看起来似乎是屈膝跪坐姿，其下方还残留有裙摆部分。

图 4-25　保利壶上的射侯画像（左：A 面；右：B 面）①

那么，会不会高柄铜钫采桑画像上呈跪姿的人也为站姿呢？若为站姿，人物的手臂与画面最左侧和最右侧的上举姿势一致，会与 Lally 铜钫（图 4-24）和里特贝格铜钫（图 4-26）上的乐舞模件中左右舞者的姿势一致。

如此一来，采桑人物与其被划分为采桑、乐舞、跪拜三种动作和角色，倒不如说也是乐舞动作，因他们和铜钫中的乐舞模件极为相似（图 4-26）。其一，三株桑树所划分的左右空间中的人物皆为 3 人，与采桑画像中有且仅有乐舞模件为 3 人一致。其二，两者皆以中间的舞者为中心，左右人物动作一致且朝向相反。只不过前者是背向、后者是相向而已。乐舞是一个历时性的动态表演过程，在对称规则下的左右舞者有皆朝向外侧的舞姿也不足为奇。其三，高柄上相向的两人，也更似在乐舞。乐舞在采桑画像中几乎是恒定的存在，它也是采桑画像中唯一三人组合者，在各大仪式中以乐舞娱神是颇为常见的，因此高柄铜钫上受到空间的局限，采桑画像便浓缩为桑林中的乐舞场景，充满了通神性和仪式感。

① 图片源自保利艺术博物馆：《保利藏金（续）》，岭南美术出版社，2001 年，第 190-191 页。

图4-26　图像细节对比（左、中：德扬高柄铜钫①；右：里特贝格铜钫上的乐舞②）

因此，高柄铜钫上所谓的男女对坐“谈情说爱”，实为桑林乐舞，并没有情爱色彩。

第四节　“会男女”等文本解读：非桑间幽会

通过对各模件的对比和分析发现，大多数模件刻画的是以桑树和采桑农具（筐、钩、刀锯）为媒介展开的一系列动作范式：或于树上树下采摘桑叶（a、b、k），或举刀锯欲伐桑枝（m）、或男子执桑叶递予女子（h）、或女子递钩给男子（c）、或男子帮女子提桑筐（d）、或男女共抬桑筐（l）。工匠根据器物空间、形体、位置的不同，做出的一系列简单易行的模件变动（移位、镜像与挪用），从而呈现出丰富多彩的构图和图式。图像中，男女分工明确，互帮互助，恭敬有礼，并非互赠信物之类的情爱表达。

那么，情爱说学者所依据的“会男女”和“桑间濮上”文本，又是否真的有浪漫自由恋爱色彩呢？

① 图片源自 Charles D. Weber，Chinese Pictorial Bronze Vessels of the Late Chou Period 3，ArtibusAsiae，Vol. 29. No. 2/3（1967），第187页，图45d.

② 图片源自 https：//weibo. com/2174434083/GcsYUkiWZ? type = repost # _rnd1617688200909。由微博用户“sergio1968”拍摄于里特贝格博物馆。

一、“会男女”与采桑的时间差异

持浪漫主义情爱观的学者多依据《周礼·地官·媒氏》中“仲春之月，令会男女。于是时也，奔者不禁”的记载，认为青铜器上的采桑图像即“会男女”——男女于桑间野合的性爱宗教活动，恰似如今少数民族的“走婚”风俗。但图像中虽无汉画像石秘戏图中那样直白的刻画，但也衍生出赠送信物等浪漫情爱主题阐释。

这种阐释完全忽略了“会男女”（高禖）与采桑活动在时间上的不一致性。《礼记·月令》载，季春之月“具曲、植、籧、筐，后妃齐戒，亲东乡躬桑”。“会男女”（高禖）发生于二月（仲春），躬桑发生于三月（季春），人们提前一个月携带者采桑工具到桑林间来，却仅仅是为了“会男女”或“高禖”，岂不是多此一举？

此外，《礼记·月令》还载：

> 禁妇女毋观，省妇使，以劝蚕事。……以共郊庙之服，无有敢惰。

孔颖达疏曰：

> “毋观，去容饰者”，以其祭先蚕，又志在采桑养蚕，无暇为饰之事，故禁之以示法。①

三月蚕桑为最重要的事，女子必须去掉容饰专心事蚕以做祭服。又怎能允许男女在采桑时幽会呢？

---

①（汉）郑玄注，（唐）孔颖达疏：《礼记正义》，北京大学出版社，1999年，第485页。

二、“会男女”和“奔者不禁”非男女幽会

持浪漫情爱说的学者也误解了“会男女”和“奔者不禁”的涵义。《周礼·地官·媒氏》载：

仲春之月，令会男女。于是时也，奔着不禁。

郑玄注“仲春之月，令会男女”曰：

中春，阴阳交，以成昏礼，顺天时也。①

贾公彦疏曰：

《夏小正》曰：“二月，绥多士女，交昏于仲春。”《易·泰卦》：“六五，帝乙归妹，以祉元吉。”旧说六五爻，辰在卯，春为阳中，万物以生，生育者嫁娶之贵，仲春之月，嫁娶男女之礼，福禄大吉。……嫁娶以春，阳气始生万物，嫁娶亦为生类，故《管子篇·时令》云“春以合男女”。②

因此，“会男女”并非男女幽会，而是男女合婚、嫁娶。《礼记·月令》继而又载：

司男女之无夫家者而会之。

① （汉）郑玄注，（唐）贾公彦疏：《周礼注疏》，北京大学出版社，1999年，第362页。

② （汉）郑玄注，（唐）贾公彦疏：《周礼注疏》，北京大学出版社，1999年，第363页。

郑玄注曰：

司犹察也。无夫家，谓男女之鳏寡者。①

孙诒让疏曰：

《诗·召南·行露》、《郑风·野有蔓草》笺并引此经：“仲春之月，会男女之无夫家者。”《家语·本命篇》王注及《北史·李业兴传》并以此为夏正二月事。皆其证也。陈奂云：“《管子·入国篇》云：‘凡国皆有掌媒，丈夫无妻曰鳏，妇人无夫曰寡，取鳏寡而合和之，予田宅而家室之，三年然后事之，此之谓合独。’《管子》合独，亦即行《周礼》会男女法。”②

仲春二月鳏寡之人也可以在官媒的撮合下合婚，政府并给予田宅等支持。陈奂明确指出这是“行《周礼》会男女法”。因此，“会男女”不仅指未婚嫁的男女，也包括丈夫无妻、妇人无夫的鳏寡之人。顺便一提，采桑的女子并非未婚嫁的幼女，而是已婚妇女，单就这点来看“青年男女婚恋自由”的衍生说法也是不正确的。

至于“奔者不禁”，郑玄注曰：

重天时，权许之也。③

孙诒让疏曰：

① （清）孙诒让：《周礼正义》，中华书局，1987年，第1046页。
② （清）孙诒让：《周礼正义》，中华书局，1987年，第1046页。
③ （汉）郑玄注，（唐）贾公彦疏：《周礼注疏》，北京大学出版社，1999年，第363页。

> 亦谓男女已议昏而未及备礼者也。《国语·周语》云："共王游于泾上，密康公从，有三女奔之。"韦注云："奔，不由媒氏也。"谷梁文十二年，范注引谯周云："奔者，不待礼聘，因媒请嫁而已矣。"《玉镯宝典》引董勋《问礼俗》云："《周礼》仲春奔者不禁，谓不备礼而行，非谓淫佚奔者，如娃娣不聘之例。"……盖不备礼者，谓六礼之中，或一二礼未备，或不俟亲迎而从权昏嫁耳，非谓六礼全缺也。①

可见，"奔着不禁"也并非淫奔，而是指在嫁娶六礼（纳采、问名、纳吉、纳征、请期、亲迎）没有备齐的情况下可放宽条件允许合婚。

因此，恰如《礼记·曲礼》所言：

> 男女非有行媒，不相知名；非受币，不交不亲。

官方之所以在采桑前一个月提倡"会男女"，是因二月为一年中农忙即将开始之期，在此期间放宽政策、催促适婚之人尽快完成婚嫁，既顺天时又不误农事②。那么，采桑画像中一系列男欢女爱、私相授受的解读，有望文生义之嫌。

三、《桑中》与"桑间濮上"

持情爱说观点的学者，还多引用《诗经》的《桑中》诗句：

> 爰采唐矣，沫之乡矣。云谁之思？美孟姜矣。
> 期我乎桑中，要我乎上宫，送我乎淇之上矣。
> 爰采麦矣。沫之北矣。云谁之思？美孟弋矣。

① （清）孙诒让：《周礼正义》，中华书局，1987 年，第 1044-1045 页。

② 吕亚虎：《东周婚姻礼俗研究》，陕西师范大学硕士学位论文，2003 年，第 42 页。

期我乎桑中，要我乎上宫，送我乎淇之上矣。
爰采葑矣，沫之东矣。云谁之思？美孟庸矣。
期我乎桑中，要我乎上宫，送我乎淇之上矣。

《毛诗序》云：

《桑中》，刺奔也。卫之公室淫乱，男女相奔，至于世族在位，相窃妻妾，期于幽远，政散民流而不可止。①

郑玄笺曰：

卫之公室淫乱，谓宣惠之世，男女相奔，不待媒氏以礼会之也。世族在位，取姜氏、弋氏、庸氏者也。窃，盗也。幽远，谓桑中之野。②

这里并没有提及“奔者不禁”的仲春之月，因此卫国公室“男女相奔”是非礼的，淫乱的。而“桑中”便是淫乱的地点所在。但是否能将“桑中”等同于“桑林中”呢？

朱熹便将“桑中”等同于“桑间”，曰：

《乐记》曰：“郑卫之音，乱世之音也，比于慢矣。桑间濮上之音，亡国之音也。其政散，其民流，诬上行私而不可止也。”按桑间即此篇，故《小序》亦用《乐记》之语。③

① （汉）郑玄注，（唐）孔颖达疏：《毛诗正义》，北京大学出版社，1999年，第190页。
② （汉）郑玄注，（唐）孔颖达疏：《毛诗正义》，北京大学出版社，1999年，第190页。
③ （宋）朱熹：《诗集传》，凤凰出版社，2007年，第36页。

在此，他将《桑中》与“桑间濮上之音”等同，故而今之学者也多用“桑间濮上”来形容情爱色彩的青铜器采桑画像。且看出自《韩非子·十过》的“桑间濮上”典故：

奚谓好音？昔者卫灵公将之晋，至濮水之上，税车而放马，设舍以宿，夜分，而闻鼓新声者而说之，使人问左右，尽报弗闻。乃召师涓而告之，曰：“有鼓新声者，使人问左右，尽报弗闻，其状似鬼神，子为我听而写之。”师涓曰：“诺。”因静坐抚琴而写之。师涓明日报曰：“臣得之矣，而未习也，请复一宿习之。”灵公曰：“诺。”因复留宿，明日，而习之，遂去之晋。晋平公觞之于施夷之台，酒酣，灵公起，公曰：“有新声，愿请以示。”平公曰：“善。”乃召师涓，令坐师旷之旁，援琴鼓之。未终，师旷抚止之，曰：“此亡国之声，不可遂也。”平公曰：“此道奚出？”师旷曰：“此师延之所作，与纣为靡靡之乐也，及武王伐纣，师延东走，至于濮水而自投，故闻此声者必于濮水之上。先闻此声者其国必削，不可遂。”平公曰：“寡人所好者音也，子其使遂之。”师涓鼓究之。

平公问师旷曰：“此所谓何声也？”师旷曰：“此所谓清商也。”公曰：“清商固最悲乎？”师旷曰：“不如清徵。”公曰：“清徵可得而闻乎？”师旷曰：“不可，古之听清徵者皆有德义之君也，今吾君德薄，不足以听。”平公曰：“寡人之所好者音也，愿试听之。”师旷不得已，援琴而鼓。一奏之，有玄鹤二八，道南方来，集于郎门之垝。再奏之而列。三奏之，延颈而鸣，舒翼而舞。音中宫商之声，声闻于天。

平公大说，坐者皆喜。平公提觞而起为师旷寿，反坐而问曰：“音莫悲于清徵乎？”师旷曰：“不如清角。”平公曰：“清角可得而闻乎？”师旷曰：“不可。昔者黄帝合鬼神于泰山之上，驾象车而六蛟龙，毕方并辖，蚩尤居前，风伯进扫，雨师洒道，虎狼在前，鬼神在后，腾蛇伏地，凤皇覆上，大合鬼神，作为清角。今主君德薄，不足听之，听之将恐有败。”平公曰：“寡人老矣，所好者音也，愿遂听之。”师旷不得已而鼓之。一奏之，有玄云从西北方起；再奏之，大风至，大雨随之，裂帷幕，破俎豆，隳廊瓦，坐者散走，平公恐惧，伏于廊室之间。

晋国大旱，赤地三年。平公之身遂癃病。故曰：不务听治，而好五音不已，则穷身之事也。①

卫灵公前往晋国时途径濮水之上，听到了一阵新的乐声，是师延为商纣王谱写的靡靡之乐，“清商”调。这是“亡国之音”，故晋平公听时，乐师旷停止弹奏。但晋平公坚持听，无奈之下继续抚琴。而后，晋平公又让乐师旷弹奏与他德行不匹配的“清徵”和“清角”，最后席间的坐客全都被惊吓走，平公也惊吓得病，而后晋国也大旱三年。这段引文讲述了沉迷于五音的晋平公最终给国家和自身带来灾祸的故事，与《礼记·乐记》所认为音乐是和政治相通的观点一致：

凡音者，生人心者也。情动于中，故形于声。声成文，谓之音。是故治世之音，安以乐，其政和。乱世之音，怨以怒，其政乖。亡国之音，哀以思，其民困。声音之道，与政通矣。

宫为君，商为臣，角为民，徵为事，羽为物。五者不乱，则无怗懘之音矣。宫乱则荒，其君骄。商乱则陂，其官坏。角乱则忧，其民怨。徵乱则哀，其事勤。羽乱则危，其财匮。五者皆乱，迭相陵，谓之慢。如此，则国之灭亡无日矣。

郑、卫之音，乱世之音也，比于慢矣。桑间、濮上之音，亡国之音也，其政散，其民流，诬上行私而不可止也。②

① （周）韩非：《韩非子》卷3，《四部备要》52册，中华书局，1989年，第21-22页。

② （汉）郑玄注，（唐）孔颖达疏：《礼记正义》，北京大学出版社，1999年，第1077-1080页。

在《乐记》中也提及了“桑间濮上”，但它和《韩非子》一样谈论的是音乐的声调、五音等，与男女情爱无关。且《韩非子》的记载中只有“濮水之上”而无“桑间”。郑玄注曰：

> 濮水之上，地有桑间者，亡国之音，于此之水出也。昔殷纣使师延作靡靡之乐，已而自沈于濮水。后师涓过焉，夜闻而写之，为晋平公鼓之，是之谓也。①

可知“桑间”是濮水上游的地名，而非实指桑林间。不仅“桑间”，《竹书纪年》所载“商汤二十四年大旱，王祷于桑林，雨”中的“桑林”也应该是地名，刘坤太认为：

> 从这些历史记载可知“桑林”地名在阳城从远古就有的，并曾是阳城一段时间内的古地名。一直到现在阳城心安一带仍有桑林乡、桑林村和上桑林、下桑林、范桑林、白桑、上白桑、下白桑、桑树坪、桑椹区等许多与桑树有关的地名。②

以此类推，“桑中”应该也是地名。因为即便卫国再淫乱，迎娶姜氏、弋氏、庸氏的毕竟是公室，不可能在公开的桑林场域中行淫乱之事。故而，此《诗序》中的“淫乱”并不是今人所阐释的类似少数民族走婚那样的性爱自由，亦不是原始社会色彩下桑林场域中的性爱交媾，而是不合礼数的合婚嫁娶。

因此，《桑中》并不等同于桑林间的男女幽会，而“桑间濮上”是指“清商”调的亡国乐曲，皆与采桑画像情爱解读风马牛不相及。

---

① （汉）郑玄注，（唐）孔颖达疏：《礼记正义》，北京大学出版社，1999 年，第 1080 页。

② 刘坤太：《“桑林”考证与阳城蚕桑》，《北方蚕业》，2008 年第 3 期，第 67-68 页。

第五章　采桑画像的主题再探
——躬桑仪式搬演

从各模件的细节比对来看，采桑画像与情爱主题无关。再看其上人物皆着曲裾深衣，动作磬折有礼，并伴随着乐舞、祭祀、射牲等画面，应再现的是躬桑仪式。

《礼记·祭义》载：

> 古者天子、诸侯必有公桑、蚕室，近川而为之。筑宫仞有三尺，棘墙而外闭之。及大昕之朝，君皮弁素积，卜三宫之夫人世妇之吉者，使入蚕于蚕室，奉种浴于川；桑于公桑，风戾以食之。岁既殚矣，世妇卒蚕，奉茧以示于君，遂献茧于夫人。夫人曰："此所以为君服与?"遂副祎而受之，因少牢以礼之。古之献茧者，其率用此与！及良日，夫人缫，三盆手，遂布于三宫夫人世妇之吉者使缫；遂朱绿之，玄黄之，以为黼黻文章。服既成，君服以祀先王先公，敬之至也。①

躬桑只是桑蚕礼的一个环节，其步骤为：①季春朔日（三月初一），从诸侯的三宫夫人、世妇之"吉者"（生育过子女的人）中占卜一人，率领众人先去水边浴选蚕种，淘弱存强。②采蘩后，归于蚕室加水煎煮，以

① （汉）郑玄注，（唐）孔颖达疏：《礼记正义》，北京大学出版社，1999 年，1330 页。

热气催发蚕卵；蚕蚁出来后，先祭祀先蚕，再去躬桑。③待茧成之后，还有献茧、缫丝环节，亲蚕礼才完成。

先秦原典关于躬桑仪式的记载仅有只言片语，我们难以管窥其始末，更难以明晰其人物与身份。这些人物都是什么角色呢？缘何男子出现在本应女子采桑的场景中？且男子的数量几与女子数量相等，男女组合的动态还各异，又当如何进行合理的阐释？这是本章需要解决的问题。

第一节　躬桑仪式中的性别角色

一、男子在场的原因

采桑图像的情爱主题提炼，归根到底是因男子的在场。不可否认，我们根深蒂固的“男耕女织”观念以及历代文学作品中“采桑女”艺术形象的塑造，使我们认为蚕桑为女子专职，恰如《礼记·内则》中云：

> 女子十年不出，姆教婉娩听从，执麻枲，治丝茧，织纴组紃，学女事以共衣服。

鉴于此，桑林中出现男子与礼法不合，因此，观者千方百计地寻找让男子的存在合乎情理的说法。

其实这是对“男主外、女主内”分工模式的过分解读，“男耕女织”并不等同于“男耕女桑”。

其一，桑树高大荫翳，需要借助高几或长梯采桑，采桑纹饰中并没有这些器具，e模件便表明男子有帮助女子攀树之用。这在吉美壶（图5-1）和台北故宫铜钫（5-2）上皆有刻画：前者男子位于女子身后、双手前伸协助女子爬树，后者男子直接弯腰下俯、女子踩其背上攀树。百花潭壶和故宫壶上也有此组人物，但因受到空间的限制而省去最边缘的男子。

图 5-1　吉美壶上的采桑画像①

图 5-2　台北故宫铜钫上的采桑画像②

其二，桑树枝叶繁茂，需要用农具砍伐掉远扬的少枝，颇具危险性和技术性，是以青铜器上手持刀锯之人皆为男性（a、m）。

其三，待到蚕大眠以后，桑叶需求量急剧增大，女子多忙于饲蚕、分箔、上簇、捉绩等，因此如元代以来的《耕织图》中所画采桑的主力军是清一色的男子③。恰如明弘治年间邝璠编写的《便民图纂》一书中采桑画面（图 5-3）题词曰："男子园中去采桑，只因女子喂蚕忙。蚕要喂时桑要采，事须分管讲相当。"④

可见，采桑不论男女均可参与。细观之，采桑图像中的筐比较小，甚至可以顶于头上翩翩起舞，此时应处于桑叶需求量不大的阶段。此阶段仅需女子完成即可，男子可以去做其他农事，纹饰中却有与女子数量相当的男子参与。再观其人物均身着曲裾深衣，体态端庄、谦恭磬折，且伴有乐舞、祭祀等画面，因此是躬桑仪式场景。

① 图片源自 Nicole Vandier, Note sur un Vase Chinois du Musée du Louvre, Revue des arts asiatiques, Vol. 12, No. 4 (DÉCEMBRE 1938), p. 135, fig. 2.

② 图片源自陈长虹《贞节与春思——桑下女图考》，《美术史研究集刊》，第 36 期（2014 年），第 49 页，图 8。

③ 陈桂权：《〈耕织图〉中的"男子采桑"》，《文史知识》，2013 年第 09 期，第 81-84 页。

④ （明）邝璠：《便民图纂》卷 1，郑振铎编：《中国古代版画丛刊》2，上海：上海古籍出版社，1988 年，第 900 页。

图 5-3　《便民图纂》采桑图①

二、男子身份推测：国君与诸公子

既为桑蚕仪式，那么其中的男子是什么身份，又扮演什么角色呢？其实，《诗经·豳风·七月》诗中“殆与公子同归”便已言及。

且先看《七月》：

> 七月流火，九月授衣。一之日觱发，二之日栗烈。无衣无褐，何以卒岁。三之日于耜，四之日举趾。同我妇子，馌彼南亩，田畯至喜。

① 图片源自（明）邝璠：《便民图纂》卷 1，郑振铎编：《中国古代版画丛刊》2，上海：上海古籍出版社，1988 年，第 900 页。

七月流火，九月授衣。春日载阳，有鸣仓庚。女执懿筐，遵彼微行，爰求柔桑。春日迟迟，采蘩祁祁。女心伤悲，殆及公子同归。

七月流火，八月萑苇。蚕月条桑，取彼斧斨，以伐远扬，猗彼女桑。七月鸣鵙，八月载绩。载玄载黄，我朱孔阳，为公子裳。

四月秀葽，五月鸣蜩。八月其获，十月陨萚。一之日于貉，取彼狐狸，为公子裘。二之日其同，载缵武功，言私其豵，献豜于公。

五月斯螽动股，六月莎鸡振羽，七月在野，八月在宇，九月在户，十月蟋蟀入我床下。穹窒熏鼠，塞向墐户。嗟我妇子，曰为改岁，入此室处。

六月食郁及薁，七月亨葵及菽，八月剥枣，十月获稻，为此春酒，以介眉寿。七月食瓜，八月断壶，九月叔苴，采荼薪樗，食我农夫。

九月筑场圃，十月纳禾稼。黍稷重穋，禾麻菽麦。嗟我农夫，我稼既同，上入执宫功。昼尔于茅，宵尔索绹。亟其乘屋，其始播百谷。

二之日凿冰冲冲，三之日纳于凌阴。四之日其蚤，献羔祭韭。九月肃霜，十月涤场。朋酒斯飨，曰杀羔羊。跻彼公堂，称彼兕觥，万寿无疆。

此诗共八章，它虽归于豳风之列，章节中却又兼有“雅”“颂”，是《诗经》中唯一具有风、雅、颂三体者①。孔颖达疏曰：

① 孔颖达疏曰：“此言‘是豳风’，六章云‘是谓豳雅’，卒章云‘是谓豳颂’者，……此诗题曰《豳风》，明此篇之中，当具风、雅、颂也。……既知此篇兼有雅、颂，则当以类辨之。风者，诸侯之政教，凡系水土之风气，故谓之风。此章女心伤悲，乃民之风俗，故知是谓豳风也。雅者，正也，王者设教以正民，作酒养老，是人君之美政，故知获稻为酒，是豳雅也。颂者，美盛德之形，容成功之事，男女之功俱毕，无复饥寒之忧，置酒称庆，是功成之事，故知‘朋酒斯飨，万寿无疆’是谓豳颂也。”参见（汉）郑玄注、（唐）孔颖达疏：《毛诗正义》，北京：北京大学出版社，1999 年，第 495-496 页。

又云："豳雅者，亦《七月》也。《七月》又有于耜举趾、馌彼南亩之事，是亦歌其类也。"则亦以首章为豳雅也。①

孔颖达认为第一章也应为"雅"，描绘的是豳公于南亩籍田、教民稼穑。但他仍认为采蘩、采桑中的"女心伤悲"属"风"，即民风。但第三章中先言采桑、后言将丝染成玄黄之色为"公子"做祭服，其主角当为诸侯夫人而非民妇，那么采桑之景便应为躬桑仪式，也为"雅"。

至于"公子"，历代注疏中有"诸侯之子""诸侯之女""豳公""成王"等不同释读②，皆指向单个人物。但若从采桑图像中诸多男子的参与，以及《七月》诗中由"殆与公子同归""为公子裳""为公子裘"到"献豜于公"、"跻彼公堂"的变化来看，可将"公子"拆读为"公"和"子"，即国君（豳公）和诸位公子。在王室衰微、诸侯争霸的战国时期，青铜器上的画像刻画国君的可能性比王大，因此采桑图像中的男子或为国君和诸位公子。

协助夫人、世妇完成攀桑、伐桑、摘桑、携桑筐等动作范式的男子，在人物形象刻画上与女子一样并无特殊之处，应为诸位公子。而从诸多一男一女组合的模件中脱颖而出的乐舞（f）、射鸟兽（i）、祭祀（p）图像，别具一格，其身份和角色是否又比较特殊呢？在此分别一述。

（一）桑林之舞

三人乐舞模件（f）中间的男性舞者，在阴纹采桑图像中比其余人物形象高大（图5-4、图5-5），且此模件在采桑阴、阳纹中几乎必不可少。在华尔特铜豆（图4-3）和吉美铜壶的采桑图像（图4-4）中，其他模件为让位于此模件而发生了一系列位移或模件拆分等变动。因此，此男子最为符

① （汉）郑玄注、（唐）孔颖达疏：《毛诗正义》，北京：北京大学出版社，1999年，第496页。

② 夏德靠：《〈豳风·七月〉"采蘩"考辩》，《贵阳师范高等专科学校（社会科学版）》2005年第1期。

合《七月》“殆与公子同归”中“公”（国君）的形象。

此乐舞模件很容易让人联想到庖丁解牛典故中所提及的“《桑林》之舞”：

> 庖丁为文惠君解牛，手之所触，肩之所倚，足之所履，膝之所踦，砉然向然，奏刀騞然，莫不中音。合于桑林之舞，乃中经首之会。（《庄子·养生主》）

庖丁手触、肩倚、足履、膝踦等动作合乎《桑林》之舞的节奏和动作，又与青铜器采桑图像中的手袖之舞如出一辙。《桑林》是商汤因大旱而以身为牲、祈祷于桑林之社祈雨所用的乐舞①，《春秋左传·襄公十年》（公元前563年）有宋公以《桑林》乐舞享晋侯的记载②，庄子将其与庖丁的动作相联系，此乐舞必定延续至战国时期且为世人熟知。

杜预注《左传》曰：

> 《桑林》，殷天子之乐名。③

正是由于商汤的参与，使桑林这一空间场域至少在商代便已具有君王级别的神圣性，故而推测采桑图像f模件中的男性舞者为国君具有其合理性。如此一来，国君和诸位公子协助国君夫人、世妇完成桑蚕仪式，也符合《诗经·魏风·十亩之间》所描绘的一家人采桑、男女无别的

---

① 《吕氏春秋·顺民》载：“昔者汤克夏而正天下，天大旱，五年不收，汤乃以身祷于桑林，曰：‘余一人有罪，无及万夫。万夫有罪，在余一人。无以一人之不敏，使上帝鬼神伤民之命。’于是翦其发，枥其手，以身为牺牲，用祈福于上帝，民乃甚说，雨乃大至。则汤达乎鬼神之化，人事之传也。”参见许维遹：《吕氏春秋集释》卷09，中华书局，2009年，第200-201页。

② 《春秋左传·襄公十年》载：“宋公享晋侯于楚丘，请以《桑林》。荀罃辞。荀偃、士匄曰：‘诸侯宋、鲁，于是观礼。鲁有禘乐，宾、祭用之。宋以《桑林》享君，不亦可乎？”

③ （晋）杜预注，（唐）孔颖达正义：《春秋左传正义》，北京大学出版社，1999年，第884页。

“闲闲”① 之貌。

（二）射牲

不容忽视的是，在铜壶颈部的采桑图像中，又有乐舞所在的下层空间被 i 模件取代的版本（图 5-5）。i 模件该如何释读？其人物又是什么身份与角色呢？

关于 i 模件，台湾学者游玲玮认为是因采桑母模印章（图 5-4）下半部分损坏，而以工匠所熟知的射箭与动物纹取代②。但是射仪和狩猎母题中均无单膝跪地的射者，况且 i 模件之鸟脖颈弯曲、首部低垂，其兽四肢扑地，皆一副垂死之状，与飞禽走兽竞相奔逐的狩猎母题迥异。

图 5-4　保利壶上的采桑画像③

图 5-5　大张壶上的采桑画像④

此外，目前发现的图 5-5 粉本的铜壶有 7 件⑤，而图 5-4 粉本的铜壶仅

① “此言‘之间’，则一家之人共采桑于其间，地狭隘无所相避，故言男女无别”。（汉）郑玄注、（唐）孔颖达疏：《毛诗正义》，北京：北京大学出版社，1999 年，第 368-369 页。

② 游玲玮：《东周时期红铜镶嵌青铜器研究》，国立台湾大学硕士学位论文，2015 年，第 32 页。

③ 图片源自保利艺术博物馆：《保利藏金（续）》，岭南美术出版社，2001 年，第 190 页。

④ 图片源自李夏廷、李劭轩：《晋国青铜艺术图鉴》，文物出版社，2009 年，第 38 页，图二九・1。

⑤ 分别是 2 件上博铜壶，2 件航博铜壶，1 件故宫铜壶，1 件安大略铜壶，1 件大张壶。

3件①，其绝非母模损坏后的偶然之举，而是根据铜壶颈部的下层空间精心设计：这类画像铜壶的器型相同，但尺寸上大致可分为两种，分别可以较大尺寸的保利铜壶（图5-4，高41厘米，口径13.4厘米，腹径26.6厘米）② 和较小尺寸的大张铜壶（图5-5，高35.5厘米，口径12厘米，腹径26厘米）③ 为代表；因而采桑图像所在的颈部空间大小有异（前者长约10.5厘米、高约7.8厘米，后者长约9.4厘米、高约5.8厘米），前者的高度和宽度均大于后者。

这就可以更好地诠释缘何颈部采桑图像主要有两个粉本，且横向上前者比后者的左桑树多出两只桑枝和一个桑筐、右桑树下d组人物右侧多了筐和钩，纵向上前者最下层画面中站立的舞者（f）比后者单膝跪地的射者（i）高很多。在较矮尺寸的铜壶上，颈部空间小，不足以安置乐舞等模件，故而以i模件穿插其间。

观其射者和垂死之鸟兽，应为射牲画面，即《国语·楚语》载：

> 天子禘郊之事，必自射其牲……诸侯宗庙之事，必自射牛、刲羊、击豕。

天子亲射牛（模件j中的兽便神似牛），诸侯亲射牛、羊、猪，以表达对神灵、祖先的虔敬之心。若为射牲，且发生于桑林之中，当为前文提及躬桑之前的祭祀先蚕环节。

商代甲骨中便有“蚕示三牢”的卜辞，周代文献中虽未见享先蚕的记载，但如《五礼通考·亲桑享先蚕》所言：

---

① 分别是2件保利铜壶和1件百花潭铜壶。

② 此尺寸的铜壶有3件，分别是2件保利铜壶和1件百花潭铜壶。采桑纹样均为图5-4样式，唯细节稍异。

③ 此尺寸的铜壶有7件，分别是2件上博铜壶，2件航博铜壶，1件故宫铜壶，1件安大略铜壶，1件大张壶。采桑纹样均为图5-5样式，唯细节稍异。

《吕氏·月令》言荐鞠衣于先帝，不言享先蚕。《唐·月令》言荐鞠衣于先帝，又言享先蚕。考之于古，食必祭先仓，灶必祭先炊，视学祭先圣先师，养老祭先老，射祭侯，师祭祃。则将蚕而享先蚕，盖礼然也。①

虽然先秦文献中未言祭先蚕，但依据礼制祭祀先蚕为桑蚕礼必不可少的礼节。因此，在空间更大的铜钫中，除了桑林间的三人乐舞画面外，还有单独两行更为壮观的五人或十人乐舞（图 5-6），甚至有祭祀场景（图 5-7），刻画的即是与躬桑密切相关的祀先蚕仪式。同样，有 i 模件的镶嵌铜壶也是将采桑仪节与祀先蚕的射牲仪节设置在同一画幅中。

图 5-6　Lally 铜钫上的采桑画像 ②

图 5-7　里特贝格铜钫上的采桑画像③

固然，也不能排除此模件是射鸟兽而非射牺牲的可能性。在上海博物馆收藏的宴乐刻纹椭桮上（图 5-8），便有一人于两树之间引弓射鸟的画面，其左一人正在执杆焚烧东西，浓烟滚滚升起，似在举行祈求风调雨顺的燎祭；其右又有礼制建筑下的祭祀、乐舞等画面。

① （清）秦蕙田：《五礼通考》卷 126，《文澜阁四库全书》135 册，台湾商务印书馆影印本，1982 年，第 3 页。

② 图片源自国庆华：《试说新见两对流散西方青铜器上的建筑和图像》，《中国建筑史论汇刊》第六辑，中国建筑工业出版社，2012 年，第 445 页，图 15。

③ 图片源自国庆华：《试说新见两对流散西方青铜器上的建筑和图像》，《中国建筑史论汇刊》第六辑，中国建筑工业出版社，2012 年，第 441 页，图 9b。

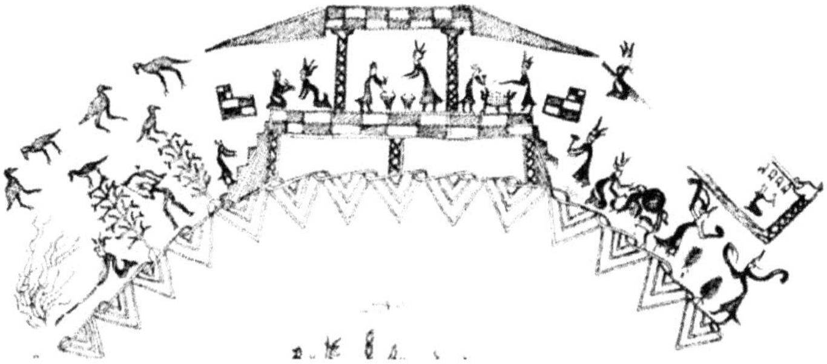

图 5-8　上海博物馆藏椭桮（局部）①

此外，曾侯乙墓中刻有“紫锦之衣”的漆箱盖上（图 5-9），亦绘有对称的两组“树木射鸟”图：每组两树，上分别憩两只鸟和两个人面兽身的神物，两树之间一人引弓射中一只鸟而欲坠下。盖上还附有铭文，是祈盼出现“日月如合璧，五星如连珠”的“兴岁”祥瑞天象的祭祀祷辞②，因此射鸟图像或许有以“射”向神灵祈福的“巫射”性质③。虽并无直接证据表明这两件器物上“树木射鸟”图像中的树为桑树，但其沟通天地的“社树”性质与圣地桑林相似。

如同在仅有乐舞模件的高柄铜钫采桑画像中（图 5-10），虽无执筐、钩的采桑者来明确树的品种，但其三株树木的布局与铜钫上的采桑画像（图 5-6、图 5-7）一样，且均位于下腹部、又均与攻战和田猎等母题纹样同于一器，使我们能明确其仍为采桑母题，只不过因空间的狭小删减一些模件，突出桑林——作为“社”的通天祈福功能而已。

① 图片源自 Charles D. Weber, Chinese Pictorial Bronze Vessels of the Late Chou Period2, *Artibus Asiae*, Vol. 28, No. 4 (1966), p. 307, fig. 25.

② 武家璧：《曾侯乙墓漆书“日辰于维”天象考》，《江汉考古》，2010 年 03 期，第 98 页。

③ 刘芊：《“巫射”文化语境中的曾侯乙墓漆箱“树木射鸟图”内涵再审视》，《装饰》，2013 年第 12 期，第 121 页。

图 5-9　曾侯乙墓 E. 61 漆棺盖面①

图 5-10　德扬高柄铜钫②

因而，i 模件也可能因桑树同具“社树”功能，而由“树木射鸟”图像根据铜壶颈部下层空间转化而成：因树上有采桑者，是以射者不能像“树木射鸟”图像中那样仰射，而是平射，鸟兽均已射中落于地上。不管此模件究竟是“树木射鸟”还是“射牲”，都蕴含有祭祀祈福、沟通天地之意。

（三）祭祀

虽然采桑图像中的祭祀场景仅在里特铜钫上（图 5-11）出现，但因其特殊性也十分值得关注：四阿建筑下右边端坐、手举一觯者当为“神尸”，其面前置一豆，主祭者右向跪坐，身后有一酒尊。

相似的 Lally 铜钫 p 模件中（图 5-6），两端的树木以及右侧执钩、筐

① 图片源自湖北省博物馆：《曾侯乙墓》，文物出版社，1989 年，第 357 页，图二一七。

② 图片源自 Charles D. Weber, Chinese Pictorial Bronze Vessels of the Late Chou Period. Part Ⅲ, Artibus Asiae, Vol. 29 No. 2/3（1967）, p187, fig. 45d.

图 5-11 里特贝格铜钫上的采桑画像（局部）①

而舞的女子，显示此模件仍不离桑蚕主题。然而细看之下，主祭者腰间佩剑，应为男子，与女子（后妃或夫人）享先蚕不符。更有趣的是，此建筑形制和人物情景的模件，均可在此类画像铜钫颈部的祭祀母题图像中找到：双开间建筑为三层建筑的底层，人物情节则与最上层建筑中的场景相似。

在本应女子祀先蚕的画面中出现男子祭祀，或许是因众多祭祀典礼中女子主祭的场合只有祀先蚕一种，故直接挪用常见的男子祭祀模件。此时，男子祭祀的图像已是祭祀的象征符号，不用特别在意其性别细节，因此可以根据上下画面语境理解为祭祀先蚕。

另一种情况是，若认为这是男子祭祀场景，也是可行的，因后妃、夫人桑蚕“以为祭服”，可释为：桑蚕等女红已毕、祭服已成，国君穿着于身参与祭祀，并伴有乐舞之景。

三、女子的身份推测：君夫人、世妇

桑蚕仪式中的女子是从已有子嗣的君夫人和世妇们中占卜一人出来主持仪式，非以名分高低决定，故采桑图像中的女子形象并无甚特殊。

阴纹中 d 模件和 f 模件中的女子形象虽较矮（图 5-4，图 5-5），但也非

① 图片源自国庆华：《试说新见两对流散西方青铜器上的建筑和图像》，《中国建筑史论汇刊》第六辑，中国建筑工业出版社，2012 年，第 441 页，图 9a。

因“男尊女卑”或这几个女子身份低微，而是受到空间、构图的局限，同图像中 a、b、c、h 模件中的女子便均和男子身高相若，且在水平分层构图的阳纹铜钫（图 5-6，图 5-7）中男女无身高差异。

因此，采桑画像中的女子是躬桑仪式汇总的君夫人、命妇等。

第二节　另一种假说：采桑“角色动图”

据《礼记·祭义》载：

> 古者天子、诸侯必有公桑蚕室，近川而为之，筑宫仞有三尺，棘墙而外闭之。及大昕之朝，君皮弁素积，卜三宫之夫人、世妇之吉者，使入蚕于蚕室，奉种浴于川，桑于公桑，风戾以食之。

先秦桑蚕仪式着重强调亲力亲为“以供郊庙之服”（《礼记·月令》）的虔诚，因此后妃、夫人们在所占卜出的吉者的带领下，完成攀树条桑、递取送往等仪节搬演。

既为躬桑仪式，定然有一定的程序和规范化动作或仪节，但由于文献资料的缺乏，已不可考。记录典章制度通史的《通典·先蚕》中，也仅有汉皇后、后汉皇后、魏文帝皇后桑于苑中或蚕宫、诸群臣夫人跟随的零星记载：

> 汉皇后蚕于东郊。其仪：春桑生，而皇后亲桑于苑中……群臣妾从桑还，献于茧馆，皆赐从桑者丝。
>
> 后汉皇后四月，帅公卿列侯夫人蚕。……桑于蚕宫，手三盆与茧馆。
>
> 魏文帝黄初七年，皇后蚕于北郊，依周典也。①

① （唐）杜佑：《通典》卷 46，中华书局，1992 年，第 1288 页。

最早颇为详细记载躬桑仪节的是《晋书》：

> 先蚕坛高一丈，方二丈，为四出陛，陛广五尺，在皇后采桑坛东南帷宫外门之外，而东南去帷宫十丈，在蚕室西南，桑林在其东。取列侯妻六人为蚕母。蚕将生，择吉日，皇后著十二笄步摇，依汉魏故事，衣青衣，乘油画云母安车，驾六騩马。女尚书著貂蝉佩玺陪乘，载筐钩。公主、三夫人、九嫔、世妇、诸太妃、太夫人及县乡君、郡公侯特进夫人、外世妇、命妇皆步摇、衣青，各载筐钩从蚕。先桑二日，蚕宫生蚕著薄上。桑日，皇后未到，太祝令质明以一太牢告祠，谒者一人监祠。祠毕撤馔，班余胙于从桑及奉祠者。皇后至西郊升坛，公主以下陪列坛东。皇后东面躬桑，采三条，诸妃公主各采五条，县乡君以下各采九条，悉以桑授蚕母，还蚕室。事讫，皇后还便座，公主以下乃就位，设飨宴，赐绢各有差。①

这是晋武帝太康六年（公元270年）的桑蚕礼。然而，此次蚕事活动是因当时蚕礼不修，有大臣奏请依照古制重备盛典才得以收录。其所依照的古制，已不知是先秦还是西汉、东汉。但从记载可看出躬桑仪式极具形式化：一方面，至桑坛采桑而非桑林，且桑坛设置在距离桑林最远的位置，即先蚕坛在采桑坛东南帷宫再往东南方十丈之处，而桑林在先蚕坛东面（如图5-12所示）。另一方面，着重刻画采桑者戴步摇、佩玺等盛装出行，而非周时的“去容饰”。可见晋武帝时虽然依照古制重修蚕典，但与先秦王后、夫人等亲自于桑林（“公桑”）躬桑的虔敬不同。

值得注意的是，晋武帝时的采桑仪节为：皇后先于桑坛上采三条，其余众者陪列于坛下东方分别采五或九条。采桑的先后顺序和数量多少由采桑者的身份等级决定，各角色有条不紊地进行一次次程式化搬演。程式化、节奏性和重复性是仪式搬演的特点。

① （唐）房玄龄：《晋书》卷19，中华书局，1974年，第590-591页。

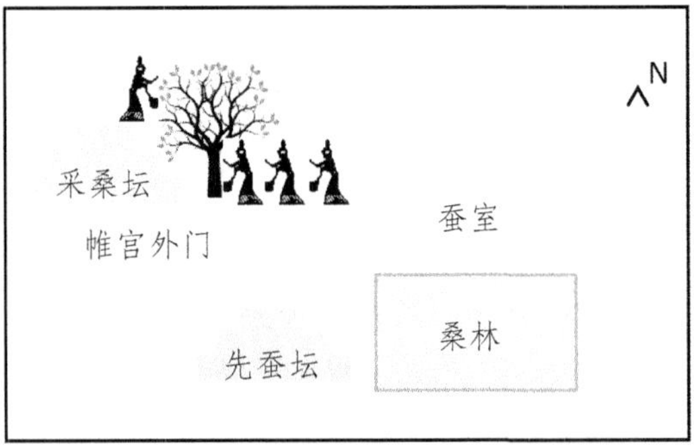

图 5-12 晋武帝时期先蚕礼方位示意图

那么，采桑画像既然刻画的是躬桑仪式之景，人物动作又各不相同，他们之间是否也存在历时性仪式搬演的特点呢？

一、镶嵌采桑画像：自左向右的“角色动图”

以保利铜壶（图 5-13）为例，我们先分析镶嵌铜壶上的粉本的采桑画像。乍看之下，此画面是同一时间定格的集体性采桑活动，但细观这些双人组合模件的人物动作，各不相同的同时又具有连贯性：

①男子协助女子爬树（男子因处在边缘而被省掉）；

②女子已经爬于树上，男子举刀锯递予女子；

③男子也爬到树上，二人共同扯同一桑枝，虽未刻画刀锯，但此时或为伐桑枝；

④二人从树上下来，男子从伐落的桑枝上采摘桑叶递予女子；

⑤男子从女子手中接过钩，并从女子头顶取下桑筐；

⑥男子拎筐，女子垂手致谢。

再考虑到仪式搬演的程式化重复特征，我们有理由推测这并非热闹的集体采桑场面，而是将躬桑仪式中不同时间的动作范式并置在桑林空间中，有着自左向右、先上后下的排列秩序和时间秩序。即，两人而非多人。

图 5-13 保利铜壶上的采桑画像 ① 二维码 5-1 保利铜壶上的采桑画像动图视频②

再以大张壶（图 5-14）为例，来看镶嵌画像铜壶粉本二的采桑画像。前文已提及，粉本二的采桑画像因铜壶尺寸较粉本一小，故而最下层的画像与粉本一不同，因而在两人组合的模件上没有④。但这并不影响动作进程：

①男子协助女子爬树（男子因处在边缘而被省掉）；

②女子已经爬于树上，男子举刀锯递予女子；

③男子也爬到树上，二人共同扯同一桑枝，虽未刻画刀锯，但此时或为伐桑枝；

⑤男子从女子手中接过钩，并从女子头顶取下桑筐；

⑥男子拎筐，女子垂手致谢。

与粉本一一样，皆是由左向右、先上后下的排列顺序和时间秩序。且两者最后一组的⑥（携桑筐而行的动作），皆与《诗经·魏风·十亩之间》

① 图片源自保利艺术博物馆：《保利藏金（续）》，岭南美术出版社，2001 年，第 190 页。

② 二维码是笔者根据保利壶上采桑图像各模件动作的先后，做了一个搬演流程视频，请扫描二维码播放视频，以便更为直观地感受这一系列动作流程。文中其余二维码也是动图视频。

章节结尾的“桑者闲闲兮，行与子还”以及《诗经·豳风七月》章节结尾的“殆及公子同归”不谋而合，皆作为单元叙事的终结。

图 5-14 大张铜壶上的采桑画像[1]　二维码 5-2 大张铜壶上的采桑画像动图视频

沃尔特铜豆上（图 5-15），由于豆柄空间较小，其上仅有 a 模件（因空间局限，此模件省略树下举刀锯站立的男子）、d 模件和 f 模件。f 模件为三人桑林之舞，与二人采桑动作截然不容，故而纳入图像叙事的体系中。那么，其余的两个模件也同样存在着角色动图的搬演：由②女子于树上采桑来点名采桑主题，直接到⑥这个男子帮助女子携筐而归的最末动作。时间的先后秩序也甚为明显，且符合先上后下的排列秩序。

罗家坝铜豆上的采桑画像（图 5-16）与华尔特铜豆略有不同，其柄部的纹饰带不如华尔特铜豆宽，故而在桑树上没有采桑者，桑树左侧为男子协助女子爬树的画面（e 模件），右侧为男子递桑叶于女子（h 模件），也有明显的从左至右的时间秩序。

① 图片源自李夏廷、李劭轩：《晋国青铜艺术图鉴》，文物出版社，2009 年，第 38 页，图二九·1。

图 5-15　华尔特铜豆上的采桑画像①

图 5-16　罗家坝铜豆上的采桑画像②

二、阳纹铜钫采桑画像：自右向左的“角色动图”

铜钫上的采桑画像也是由不同采桑动作范式的模件组成。但由于铜钫钫壁空间大、规范性动作模件的数量有限，个别模件会重复使用以填补空白。与此同时，图像设计者也考虑到重复的画面会使构图显得颇为死板，便让重复的 k 模件置于距离最远的对角线位置；又或是将 l 模件镜像重复，但根据空间布局将拆半（如图 5-17）。

仔细比对 Lally 铜钫上的各模件动作，可以发现这些动作也是连贯的：

①男子帮助女子爬到桑树上采桑；

②男子举刀锯伐桑；

③男子将桑叶递于女子；

④男子欲帮女子拎筐；

⑤男女共携筐。

① 图片源自 Charles D. Weber, Chinese Pictorial Bronze Vessels of the Late Chou Period, Artibus Asiae, Vol. 30 No. 2/3（1968）, p221, fig. 66h.

② 图片源自四川省文物考古研究院：《宣汉罗家坝》，文物出版社，2015 年，第 145 页，图一三五。

图 5-17 Lally 铜钫上的采桑画像 ①　二维码 5-3 Lally 铜钫上的采桑画像动图视频

其中，①（a 模件）动作是为了点明采桑主题，它必须依附于左中右的桑树设置；②（m 模件）动作是举刀锯伐桑，它常常是与①可以组合也可以拆分；③和③’镜像重复于画面对角线位置；⑤和⑤’镜像重复并拆半；画面右上角还有三人组合的乐舞模件。如果我们忽略重复的模件以及点明采桑主题的①和举刀锯的②，可以发现在采桑画像的第二层空间有自右向左的排列和时间秩序。

里特贝格铜钫上的采桑画像（图 5-18）与 Lally 铜钫相似，重复的 k 模件分别位于桑林左上和右下方，又比 Lally 铜钫多了 c 模件故而没有镜像重复 l 模件。所有模件的人物动作也是连贯的：

①女子于桑树下采摘桑叶，男子于树下举刀锯欲伐桑；

②男子递桑叶于女子，女子以筐承接；

③女子手持桑钩、头顶桑筐，男子上前欲帮忙；

④近距离递桑筐；

⑤男女共携筐而行。

其中，①于中间桑树采桑（k 模件）或举刀锯（m 模件）以点明采桑

① 图片源自国庆华：《试说新见两对流散西方青铜器上的建筑和图像》，《中国建筑史论汇刊》第六辑，中国建筑工业出版社，2012 年，第 445 页，图 15。

主图，②（h 模件）重复出现于画面的对角线位置。如果我们忽略重复的模件以及点明采桑主题的①和右上角的三人乐舞，可以发现在采桑画像的第二层空间也有自右向左的排列和时间秩序。

图 5-18　里特贝格铜钫上的采桑画像①

二维码 5-4　里特贝格铜钫上的采桑画像动图视频

台北故宫铜钫的下腹部也有采桑画像（图 5-19），但由于在器物中的位置发生了变化（位置改在前面两个铜钫中最近底部的下两层）使空间变小，右桑浓缩于最下层空间中，由桑树分隔的画面空间便发生了变化。相应的，桑树之间设置的模件也与前面两者有差异。可分辨的有：上层的左侧空间是乐舞模件（f），右侧空间是二人携筐的 l 模件和男子递桑的 h 模件；下层最左侧一人采桑、其后一人举刀锯，中间桑树左侧一人踩另一人背上正欲爬桑树；下层右侧的空间人物动作不甚清晰。左侧空间是乐舞以及需要围绕着桑树所进行的爬桑（e 模件）、摘桑（k 模件）进而摘桑常伴的举刀锯（m 模件），在叙事秩序中可以忽略不计。右侧下层空间中由于非常规的空间大小，使模件产生变化且难以分辨。仅右侧上层的空间来看，似乎也符合从右向左的排列秩序：男子递桑于女子（h 模件），进而男子和女子共携桑筐而行（l 模件）。

① 图片源自国庆华：《试说新见两对流散西方青铜器上的建筑和图像》，《中国建筑史论汇刊》第六辑，中国建筑工业出版社，2012 年，第 441 页，图 9b。

图 5-19　台北故宫铜钫上的采桑画像①

三、阳纹壶盖采桑画像：顺时针方向的“角色动图”

辉县琉璃阁 76 号墓出土的阳纹狩猎壶壶盖（图 5-20）和日本东京博物馆（图 5-21）藏的壶盖上也有采桑画像。前者饰于器盖中间的圆环内，后者则饰于圆环外圈。仔细对比之下，后者以前者为粉本（即“k-c-h-f”的组合顺序），又因其装饰面积比前者大，故重复增加了 k 组和 c 组的四分之三画面。其中，由于受到空间的限制，h 模件中仅有递桑叶的男子，而省略了同组的女子，而其与 k 模件采桑的女子处在相对的位置，二人相向，又似乎是遥相呼应的组合；f 模件中桑树缩小，左边乐舞的女子也呈跪坐姿。

忽略乐舞模件不计的话，壶盖上的采桑画像也是依照时间顺序搬演的角色动图：先由①女子采桑，到②男子帮女子拿钩取筐，再到③男子递桑叶。在壶盖外圈装饰的日本壶盖上，乐舞后继续重复①和②的流程，开启新的动作循环。因此，壶盖上的采桑画像有着顺时针方向的叙事秩序。

综上，采桑画像中的人物动作不仅连贯，且按照一定秩序排列来完整

① 图片源自陈长虹《贞节与春思——桑下女图考》，《美术史研究集刊》，第 36 期（2014 年），第 49 页，图 8。

展现“采桑—伐桑—递桑—共携筐”的单元流程。这些角色不是共时性的，而是男女角色历时性的仪式搬演之景，在此我们可以称之为“角色动图”。

图 5-20 琉璃阁 76 号墓狩猎铜壶壶盖①

图 5-21 日本东京博物馆藏采桑狩猎壶壶盖②

第三节 采桑“角色动图”的可行性分析

诚然，我们不能仅从图像分析便言采桑画像中的诸多人物实为两个角色的搬演“动图”。这些早期图像距今已两千余年，且出土抑或是传世文本中皆没有只言片语提及青铜器上的人物画像。故而，我们从仪式搬演的特点、采桑画像内部的 n 模件、采桑画像外部其他母题画像中的“动图”，以及战国漆画和汉画像中蕴含时间秩序等方面探析采桑“角色动图”推论的可行性和合理性。

① 图片源自郭宝钧：《山彪镇与琉璃阁》，科学出版社，1959 年，图版一零肆·2.

② 图片源自李夏廷、李劭轩：《晋国青铜艺术图鉴》，文物出版社，2009 年，第 325 页，图 589·2。

一、仪式搬演的表演性、历时性和程式化

《说文解字》载：

> 仪（儀），度也，从人，义声。

强调仪礼和仪容的规范和法度。又如：

> 度之于轨仪。（《国语·周语》）
> 设仪立度，可以为法则。（《淮南子·修务》）

很显然，“礼仪”是我国古代社会秩序和国家政治制度的“微缩景观”。

> 仪式是整合了各种叙述和行为属性的事件。①
>
> 我把仪式用于指示一系列由表演者所进行的、正式的、连续性的、非完全编码性的不同行为或表示的有机组成。②
>
> 就最一般的和最基本的方面来说，仪式是按照计划进行的即兴创作的一种表演，通过这种表演形成了一种转换，即将日常生活转变到另一种关联中。在这种关联中，日常的东西就改变了。③
>
> 仪式中的许多行为都应当是表演，难怪许多人类学家都将仪式看作表演。……仪式中的行为更多地要按照仪规的规定来行动，随意性很少，规定性较多。……在正式的仪式上，动作却不能随意地受感情

① 转引自彭兆荣：《人类学仪式的理论与实践》，民族出版社，2007年，第16页。

② Rappaport, Ritual and Religion in the Making of Humanity, Cambridge University Press, 2000, p. 24.

③ Alexander B. C., Ritual and Current Studies of Ritual: Overview. In Glazier S. D., Anthropoligu of Religion: A Handbook. Westport, CT: Greenwood press, 1997, p. 139.

支配，什么时候该哭，什么时候该踊跳，什么时候不该踊跳，一切都是程序规定好了的动作。①

可见，仪式搬演具有表演性、历时性和程式化。其表演性特征，使青铜器采桑画像上的人物角色皆以不同的动作姿势正在进行肃穆的仪节表演；其程式化特征，使阴纹和阳纹中的人物组合形象虽然有变化但又皆有关联（如阴纹 a 模件拆分为阳纹 k+m、阴纹 d 模件演变为阳纹 l 模件）；其历时性特征，使青铜器采桑画像中不同动作的人物并置在同一画幅中，且按照历时性的时间秩序排列。

此外，不断重复循环也是仪式搬演的一大特点。先秦躬桑仪式强调亲力亲为而非形式化，因此仪式现场更贴近日常采桑的生动景象：首先，占卜出的吉者先完成攀树、条桑、摘桑、递取送往等环节；进而其他夫人、世妇再依照身份的尊卑，先后完成攀树、条桑、摘桑、递取送往等环节，以为天下之表率。在一遍遍的搬演中，人物身份不同故而摘桑、条桑的数量和次数也不尽相同，但万变不离其宗，人物角色依旧按照采桑画像中那些动作流程进行。采桑画像中是单个仪节的完整流程，在一遍遍的搬演中得到强化。

二、采桑画像中的 n 模件：顺应时间秩序“拆分—重组”而成的新模件

行文至此，笔者已经几乎将所有模件的动作厘清，阳纹铜钫上的 n 模件除外。在概括 n 模件的原型时，笔者仅能从图像上直观地将其描述为“一男子与一女子相对而立，动作亲昵且怪异”（第三章第一节）。若此模件真是意在表现男女之间的亲昵举动，恐怕与本书所作“非情爱”的推论自相矛盾，故而笔者一直难以对此模件进行一个颇为合理的阐释。

---

① 荆云波：《文化记忆与仪式叙事：〈仪礼〉的文化阐释》，南方日报出版社，2010 年，第 183-184 页。

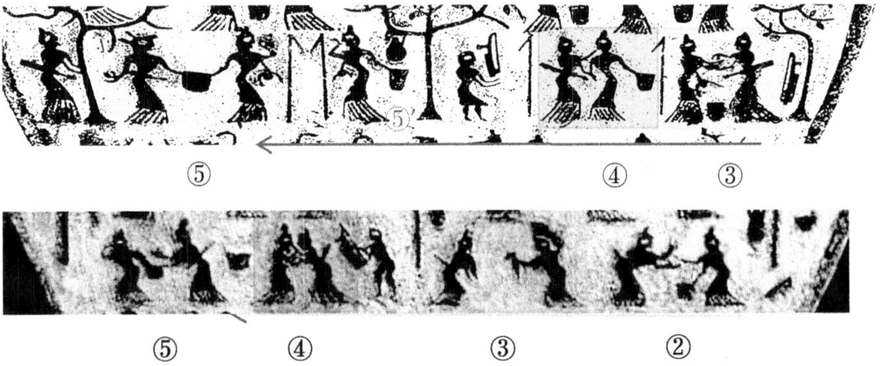

图 5-22 铜钫细节图（上：Lally 铜钫①；下：里特贝格铜钫②）

但在“以礼解像”的分析原则下，我们将此模件放置到整个躬桑仪式搬演的“角色动图”秩序中去（图 5-22），便可豁然贯通：两铜钫中的③皆为男女相向而立递送桑叶（图 5-22 · 上，即 h 模件）或递取筐钩（图 5-22 · 下，即 c 模件）之景，而⑤皆是男女共抬筐而行（即 l 模件），作为中间者④（n 模件），便是两人由③“相向而立”到⑤“同向抬筐而行”所必须经历的“相向近距离共执筐”阶段。共执筐之后（④），女子转身，进而二人抬筐运桑（⑤）。

这两件铜钫上 n 模件人物的动作不如其他模件清晰明辨，原因在于模件是从其他模件中“拆分—重组”而成。Lally 铜钫（图 5-23）为③（h 模件）的男子加⑤'（l 模件）的女子，甚至连女子身后的筐也一起挪用，致使两人动作怪异。里特贝格铜钫（图 5-24）为①（k 模件）的女子加⑤（l 模件）的男子（冠饰略作改动），女子前伸的手臂原本正执筐和摘叶，男子前伸的手臂原本与女子共携桑筐，两者组合在一起后手臂交错之处便

① 图片源自国庆华：《试说新见两对流散西方青铜器上的建筑和图像》，《中国建筑史论汇刊》第六辑，中国建筑工业出版社，2012 年，第 445 页，图 15。

② 图片源自国庆华：《试说新见两对流散西方青铜器上的建筑和图像》，《中国建筑史论汇刊》第六辑，中国建筑工业出版社，2012 年，第 441 页，图 9b。

也甚为怪异。

图 5-23　Lally 铜钫上的 n 模件“拆分-重组”示意图①

图 5-24　里特贝格铜钫 n 模件“拆分-重组”示意图②

可见，铜钫下腹部的空间是如此之大，出于制作便捷性和构图多样化的考量，工匠们不仅将重复的模件设置于相距较远处或镜像翻转，更是从不同模件中拆分、重组成新的模件（n 模件）。而这个新的模件，又完美融入躬桑仪式搬演的时间秩序中，令人叹为观止。

① 图片源自国庆华：《试说新见两对流散西方青铜器上的建筑和图像》，《中国建筑史论汇刊》第六辑，中国建筑工业出版社，2012 年，第 445 页，图 15。

② 图片源自 https：//weibo.com/2174434083/GcsYUkiWZ? type = repost # _rnd1617688200909。由微博用户“sergio1968”拍摄于里特贝格博物馆。

三、同器之上其他母题画像也存在“动图”叙事

采桑画像多与射侯、弋射、祭祀、水陆攻战母题画像同在一器之上，不仅采桑画像有“角色动图”，射侯、弋射和祭祀画像也有“动图”叙事。本书仅以弋射画像举隅说明。

刘敦愿以上博铜壶为例（图 5-25），对弋射画像中蕴含的时间秩序做了讨论：水面凫游的鸟与上空翱翔的雁群形成鲜明的动静对比，就连中箭的雁即将落到水中鸟的头上也无动于衷，颇为不合理。因此，他认为静态的水鸟是用来补整个弋射场面的不足，“是弋射开始之前，曾有片刻的宁静……弋射开始之后，群鸟冲天而起。场面既如此壮观，而弋射的时间程序也就变现无遗了。”①

图 5-25　上博铜壶上的弋射画像②

但画像中的鸟与其说是“群鸟冲天而起”，倒不如说是离船最近的那只水鸟冲天而起的完整历程：它原本于水中惬意地休憩，但敏锐地觉察到

① 刘敦愿：《中国古代绘画艺术中的时间与运动》，《美术考古与古代文明》，人民美术出版社，2007 年，第 51-53 页。

② 图片源自李夏廷、李劭轩：《晋国青铜艺术图鉴》，文物出版社，2009 年，第 314 页，图 575. 1。

有船只靠近的危险来袭，进而腾空跃起、展翅高飞，加入到空中雁群队列中去。然而戏剧性的是，才出虎口又入狼穴，岸上弋射者正满弓伺机而射，这只飞鸟最终难逃矰缴绕颈的命运。

其实，不仅飞鸟，岸边的弋射者也存在这种“动图”叙事。且看弋射者的动作和姿势，在所有镶嵌弋射画像粉本中均有单膝跪地和双膝跪地者，且动作恒定：

A. 上身后仰，左手执弓、右手拉弦，正满弓欲射；

B. 俯身下趴，左手高举执弓、右臂弯曲撑地，矰矢已发出，但缴绳未脱离弓。

其中，B 动作的身体离地面极近，不利于右手拉弦发射，然若无右臂支撑地面则会重心不稳。因此，这个右臂撑地的姿势不能同时完成右手拉弦发射的动作，那么射者必定以一个不同的姿势发矢。而画像中恰好同时有 A 这个满弓发射的单膝跪姿，可推测弋射时先单膝跪地发射，进而左腿收回呈跪姿、上身前俯以右肘撑地，而左手则一直保持举弓的状态以维持缴绳。

弋射是以缴绳系于矰矢上仰射，“缯加我颈，缴挂羽翼”式地缠绕住飞鸟。在求生欲的趋使下，惊慌失措的飞鸟必定奋力挣扎以期摆脱缴绳的束缚，而缴绳另一端的弋射者定然不能像射侯者那样始终保持一个姿势。因此在飞鸟全力挣脱的作用下，弋射者由最初发射时单膝跪地的姿势发展为更为稳固的双膝跪姿。这种大型飞鸟从挣扎到妥协非一蹴而就，必须像钓到一条大鱼那样经历一个略长的博弈过程；这个过程也是十分耗费体力的，进而弋射者上身下俯、右肘撑地，以形成更为牢固的抓着力。

因此，弋射者与飞鸟之间完整的戏剧性冲突历程，便别出心裁地呈现于青铜器之上（图 5-26）：①鸟从水中腾空、飞至弋射者头顶，弋射者引弓发射；②缴矢缠绕住飞鸟，弋射者改为跪姿举弓维持缴绳；③飞鸟挣扎逃窜至高空试图挣脱缴绳的束缚，弋射者继续保持跪地举弓姿势；④已确定飞鸟挣脱不了之后，便将缴绳离弓而以一定重量的石质工具“磻”系于末端。再右侧满弓发射的①又预示着一个新的弋射动作循环。

图 5-26　上博铜壶上的弋射画像①　二维码 5-5　上博铜壶上的弋射画像动图视频

东周画像青铜器上还未有迭压、遮挡等绘画手法表现空间进深，不论是人物还是动物、器物皆是彼此独立的，非左即右地线性排列，故而看上去犹如众多人物、动物同时在场，但细观人物的动作和排列秩序，并参照仪式搬演的特性，这是同一画幅上展现历时性的单个仪节之景。

四、战国漆画中有随着器型旋转展开的连续性画面

战国中期楚墓中出土的许多漆器上，有随着器壁旋转而展开的连续性叙事画面。如包山 2 号楚墓漆奁②、湖南长沙南郊黄土岭战国墓出土的 M115：16 漆奁和狩猎漆奁③（表 5-1）。此三件漆奁上皆是人事活动画面，随着漆奁器型的旋转自右向左展开不同场景的叙事，犹如连环画。此外，

① 图片源自李夏廷、李劭轩：《晋国青铜艺术图鉴》，文物出版社，2009 年，第 314 页，图 575. 1。

② 湖北省荆沙铁路考古队：《包山楚墓》，文物出版社，1991 年，第 144-146 页。

③ 杨宗荣：《战国漆器花纹与战国绘画》，《文物参考资料》，1957 年第 7 期，第 50-51 页。

长沙颜家岭35号墓出土的狩猎漆樽①，虽皆是同一场景下的狩猎图，但根据人物与野兽奔跑的方向来看，也是跟随器型从右向左旋转叙事的。

这些画面皆是几个人物的连续画面，左右绕器型一周展开，与采桑画像中两个人物角色分上下两层展开略有不同，但都是将不同时间的画面并置在同一平面画幅上。

表5-1　　战国中期自右向左的连续式叙事漆画表

	原器图片	纹饰细节
包山2号楚墓漆奁	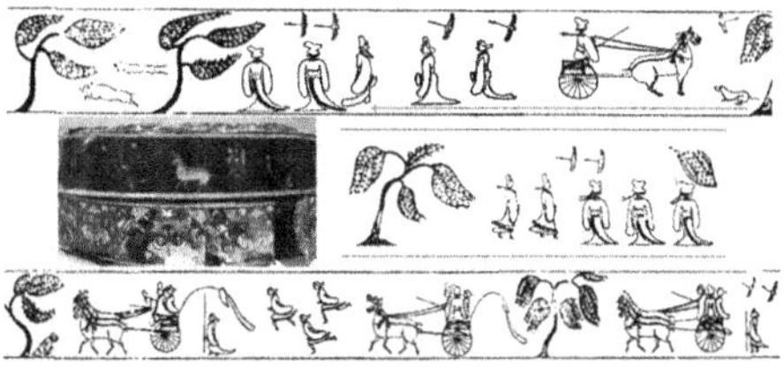	
黄土岭漆奁M115：16		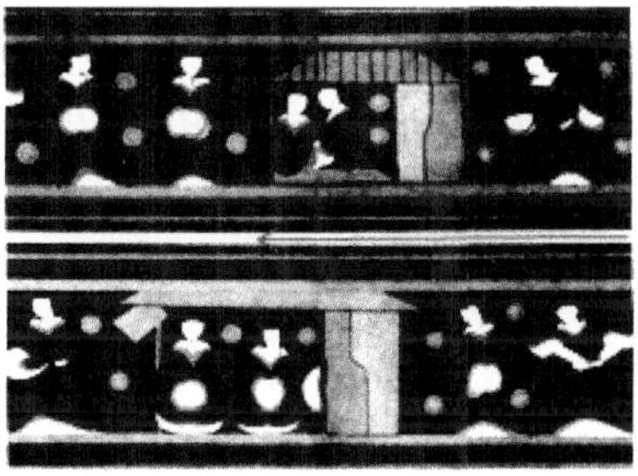
黄土岭漆奁		

① 商承祚：《长沙出土漆器图录》，中国古典艺术出版社，1957年，第33页。

续表

	原器图片	纹饰细节
颜家岭漆樽		

五、汉代画像中也有蕴含时间秩序的画面

汉代画像艺术中，也有随着时间的推移而展开的叙事画面。

例 1. 云南江川李家山滇文化早期墓出土的青铜臂甲（图 5-27）

时代大约为战国末年至汉武帝时期。

刘敦愿最先发现此臂甲上蕴含的时间秩序，但仅限于臂甲右侧画面（图 5-27 · 左②）。他描述为：

群鸡在室外寻食，一只公鸡捉到了一条蜥蜴，忽然一只豹纹的野狸闯了进来，衔走了一只硕大的公鸡。这幅图像非常明确地表现了一个天敌之间弱肉强食的关系，即中国谚语所说的“螳螂捕蝉，黄雀在后”悲剧的连续过程。

之所以如此云云，是因为如果是野狸偷袭鸡群，鸡群就不会只是两只公鸡，至少是一公一母，甚至是许多母鸡，不会恰好是两只体态大小完全相同的公鸡，这两只公鸡实际是同只公鸡，图像说的是它先后不同的遭遇：一只硕大的雄鸡，捉到了一只蜥蜴（蜥蜴的形体有些夸大），雄鸡高冠、长尾、壮趾、利距，体型雄健，态度安详，完全是一副胜利者的姿态，但一只豹纹的野狸对它窥伺已久，顷刻间，这只公鸡又成了它的猎物，鸡颈已被咬住，目瞪口呆，仍然保持着方才

惊叫的刹那情景，而身体已被悬起，尾羽与双足低垂，完全丧失了挣扎的气力。这回的胜利者该是那只豹纹的野狸了，它衔着猎物，弓起矫健而灵活的躯体，高举着有力的尾巴，得意极了。①

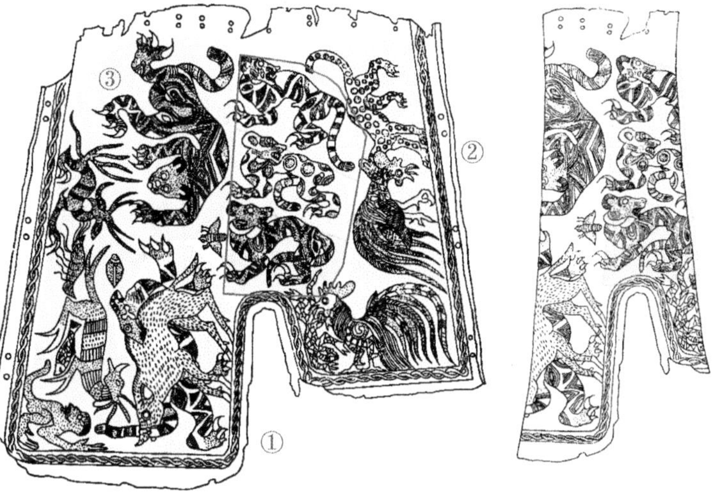

图 5-27　云南江川李家山滇文化早期墓出土的青铜臂甲（左：展开图②；右：卷曲图③）

刘敦愿对臂甲右侧图像的描述颇为细致、生动、合理。

但若仔细比对，可以发现也有不正确的地方，即吃鸡的动物并不是“野狸”，而是臂甲中部“三虎”中的豹纹老虎。因此，臂甲中部的“三虎”也非周围正在捕猎的大老虎的“三子”④，而是大老虎本身。那么，比肩中间是三只老虎的静态画面，臂甲周围是它们捕猎的动态画面：

① 图片源自刘敦愿：《中国古代绘画艺术中的时间与运动》，《美术考古与古代文明》，人民美术出版社，2007 年，第 58 页，图 6。

② 图片源自刘敦愿：《中国古代绘画艺术中的时间与运动》，《美术考古与古代文明》，人民美术出版社，2007 年，第 58 页，图 6。

③ 云南省博物馆：《云南江川李家山古墓群发掘报告》，《考古学报》，1975 年第 2 期，第 121 页，图二五。

④ 图片源自刘敦愿：《中国古代绘画艺术中的时间与运动》，《美术考古与古代文明》，人民美术出版社，2007 年，第 58 页，图 6。

①左侧的右下部分是第一只虎捕食之景。

②右侧画面则先由下部一只公鸡正在捕捉蜥蜴的画面，转至右侧这只大公鸡成为第二只老虎猎物的画面，有“螳螂捕蝉，黄雀在后”的趣味性和时间性。

③最左侧画面为第三只虎发现猎物的场景。

三虎由静态转为动态的时间秩序画面完美地结合了臂甲的形状，以逆时针方向排布。

例 2. 湖南长沙马王堆 1 号汉墓漆棺上的画像（图 5-28）

长沙马王堆 1 号汉墓内棺上神怪、鸟兽多达 116 个，多两两一组，也有极个别单独存在或三个一组，共 57 组。它们看似各不相属，但据刘敦愿的整理有些神人与鸟兽之间是“联系性的故事”①。如羊与鸟嬉戏图（图 5-28・右）：

①一只羊用套索系住一只凤鸟的脖子，凤鸟反抗，羊继续拖拽将其制服；

②鸟已被羊收服，任由羊牵着它走；

③羊将鸟作为坐骑，到处游耍。

这三组画面是随着时间的推移展开完整叙事的，但没有画在一处，而是根据云气纹所分隔的空间分布。

此漆棺上还有“怪兽与鸟”“大鸟捕蛇、怪兽在后”等有趣的连续故事情节②，在云气的环绕与分隔下，能够识别出来实属不易，还有待进一步探究。

① 刘敦愿：《中国古代绘画艺术中的时间与运动》，《美术考古与古代文明》，人民美术出版社，2007 年，第 59-60 页。

② 刘敦愿：《中国古代绘画艺术中的时间与运动》，《美术考古与古代文明》，人民美术出版社，2007 年，第 59-60 页。

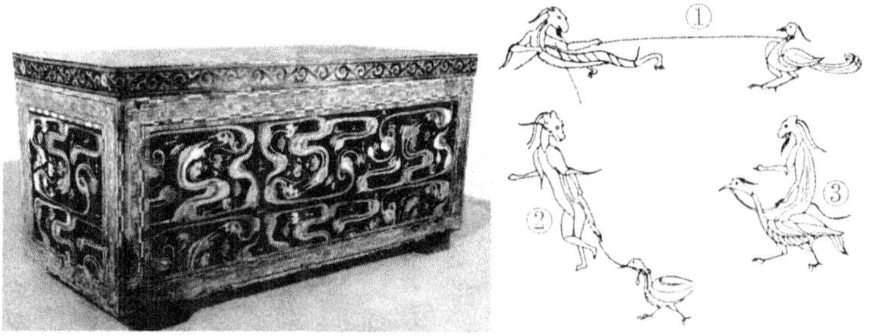

图 5-28　湖南长沙马王堆 1 号汉墓漆棺上的画像（左：实物①；右：细节②）

① 图片源自湖南省博物馆、中国科学院考古研究所：《长沙马王堆一号汉墓》下，文物出版社，1973 年，第 19 页，图版二七。

② 图片源自刘敦愿：《中国古代绘画艺术中的时间与运动》，《美术考古与古代文明》，人民美术出版社，2007 年，第 59 页，图 7。

第六章　采桑画像的图式与意涵

《周礼·考工记》言：

审曲面势，以饬五材，以辨民器，谓之百工。

东周的画像题材并非青铜器媒介所独有，它同时也出现在庙堂壁画、漆器、丝帛等载体上。《考工记》又载：

知者创物，巧者述之守之，世谓之工。百工之事，皆圣人之作也。烁金以为刃，凝土以为器，作车以行陆，作舟行水，此皆圣人之所作也。天有时，地有气，材有美，工有巧，合此四者然后可以为良。

工匠们在选用器物纹样时，不是简单的拿来主义，而须根据材质特点、工艺技法和使用语境等来设计，才能相得益彰。因此，无论单个母题（如采桑母题画像）中的模件组合，还是画像铜器上各个母题的位置、组合关系，皆是根据器物的器型和视觉语境设定的。值得注意的是，在画像纹饰产生之初的春秋晚期刻纹水器（盘、匜、鉴）上没有采桑母题，但战国初期壶、豆、钫、高柄铜钫等器物上不仅创造性地增添了采桑母题，还根据器型的方圆、有柄与否等特征位于不同位置。甚至方圆之器上的图式和风格也并不相同，这是否有什么意蕴呢？笔者在此尝试一述。

第一节　方圆器型上的动静之势：天地之道

采桑母题所在的画像铜器有方圆之分，方器是浅浮雕铜钫和高柄铜钫，圆器是镶嵌铜壶和铜豆。两者不仅阴阳纹手法不同，图式上也有动、静差异。

一、圆器：圜转错落，充满动感

镶嵌铜壶颈部的采桑画像近似矩形，为“两树·三层”的错落构图（图 6-1·左）。从空间划分来看：枝繁叶茂、林荫蔽天的桑枝以盘曲多姿的圆弧或“s”形舒展开来，将画面上层环绕成两个椭圆形空间，中间容纳采桑者；微微弯曲倾斜的两树干又将画面中层划分为左、中、右三个空间；下层则由 a 组站于树下的男子分为左右大小不等的两个空间。从层与层的界线来看：上层与中层之间以蜿蜒曲折的树枝为界，中层与下层（以中层人物裙摆的基底来看）的界限同样也是不规则的波折曲线。人物模件便根据这些显性或隐性分界线所划分的空间置入，错落有致，因而右桑树下的 d 模件和下层的乐舞模件（f）和在人物形象上又有高矮之差。这是不规则大小的空间使然，并非为了凸显“男尊女卑”故意为之，所以 a、b、c、h 模件中的女子均和男子身高相若。

喇叭状镶嵌铜豆豆柄上的采桑母题，为上窄下宽的扇形空间，故采用“一树·二层”的错落构图（图 6-1·右）。桑树仅为一株，其弯延的桑枝将采桑女子环绕于上层空间中，倾斜的“s”形树干，又将下层分为左小右大两组空间。若以下层人物的头部为上下两层分界线，其也是流动、柔美的波浪线。而人物则分别以 1、2、3 人组合，大小不一，高低错落，有绵延起伏之势。

图 6-1　圆形铜壶上错落有致、充满动感的采桑图像（左：保利壶①；右：华尔特豆②）

二、方器：整齐划一，静谧自安

在器面更大且相对平直的阳纹铜钫下腹部，三株笔直秀挺的桑树分左、中、右占据两层画面，枝叶依然茂密但弯曲的弧度已不如阴纹铜壶上大，且中规中矩，估计是追求平衡、对称的视觉效果。其中又以中间的桑树最为笔直高大，两侧桑树或与中间桑树一样（里特贝格铜钫），或根据画面空间改变或削减枝叶（Lally 铜钫，图 6-2 · 左）。下腹部是一个上宽下窄的梯形空间，桑树树冠与直挺的树干犹如一个个倒三角形，将桑树间划分为左右两个等腰梯形空间，故而是“三树 · 两层”的稳定构图。

“三树 · 两层”的稳定构图中各人物模件水平分层排列，模件与模件之间再以钩、筐等农具分隔开来，井然有序。铜钫上的男女身高、冠饰相若，仅能从腰间佩剑与否分辨性别，其更多地追求各司其职的秩序感。水平分层排列、树木笔直挺拔、人物组合之间以竖直的钩作分隔，画面图式

① 图片源自保利艺术博物馆：《保利藏金（续）》，岭南美术出版社，2001 年，第 190-191 页。

② 图片源自 Charles D. Weber，Chinese Pictorial Bronze Vessels of the Late Chou Period，Artibus Asiae，Vol. 30 No. 2/3（1968），p221，fig. 66h.

在有稳定和秩序感视觉效果的同时，也容易有呆板之感。为避免过于呆板，下层的人物并非机械地与上层人物笔直相对，而是疏密有度，增加了视觉灵动性。又因铜钫纵向空间的加大，桑林下又置入了两排乐舞祭祀场景，使秩序感更甚。

图 6-2　方形铜钫上秩序井然、静谧自安的采桑图像

（左：Lally 铜钫①；右：台北铜钫②）

在台北“故宫博物院”藏的铜钫（图 6-2・右）上，采桑纹样仅位于前两件铜钫的最底端下“双层乐舞（祭祀）”处，虽依旧是上宽下窄的梯形空间，但宽度要小得多。所以模件位置上也有些微调整，但仍符合“三树・两层”的构图：中间的桑树依旧高大挺拔，占据两层空间；左桑树（红色虚线圆圈内）与 Lally 铜钫最下端的双层乐舞中的左桑一样，缩减枝叶紧贴左侧器楞的边缘；右桑树则因上层设置了两个模件，而缩减高度，仅居于下层空间。

此外，高柄铜钫的器型为小铜钫加高柄，因此位于下腹部的采桑纹样也是左、中、右三树的梯形构图。但因尺寸太小，仅为单层空间且缩枝减叶的左右桑树小似树枝，画面也简略为乐舞之景（图 6-3）。

综上所述，在曲面圜转的圆器中，采桑母题无论是桑树形状还是人物

① 图片源自国庆华：《试说新见两对流散西方青铜器上的建筑和图像》，《中国建筑史论汇刊》第六辑，中国建筑工业出版社，2012 年，第 445 页，图 15。

② 图片源自陈长虹《贞节与春思——桑下女图考》，《美术史研究集刊》，第 36 期（2014 年），第 49 页，图 8。

图 6-3　德扬高柄铜钫上的采桑画像①

分层均如器型一样采用柔美流动的曲线，如同同器之上弋射母题中错落有致的大雁、射矢上委曲婉转的缴绳一样。与庄严肃穆、巍然屹立的建筑下举行的射侯和宴乐典礼形成动静对比，使视觉效果更为活泼，富有动感。而阳纹铜钫上，面与面互成直角相交的折棱使各面在视觉上成为截然独立的空间，每个面又皆均匀地平直分层，使画面显得平静而严肃，容易给人以刻板机械的感觉。因此不同母题之间没有设置分界线，而具有视觉分层效果的横长线仅存在于画面中物理性结构上（如建筑的屋顶、楼层和基底、代表城墙和地面的水平线、船的甲板和底部），且长短、疏密不一。这样可以增加层与层、母题与母题之间的气韵流动，不至于呆板。采桑纹样已是铜钫中最为灵活多变的构图，但其三株桑树划分而成的稳固梯形空间，以及平行分层，给人更多的还是平静、秩序之感。

不仅采桑画像如此，刻画激烈战争场景的攻城画像在方圆之器上也有动静图势之分：圆器上，斜线将攻方将士登云梯向城墙冲锋之动势展现得淋漓尽致，城墙上更是双方混战、动作不一（图 6-4 · 左）；方器上，城墙上守方士兵动作整齐划一、兵戟竖立，城下的攻方弓箭手仰射掩护、两排持盾士兵有序攻城，即便是最下层双方交战也仅为首的两人有肢体接触，其他人执兵器站立似乎在隔岸观火（图 6-4 · 右）。圆器上之动与方器之静形成鲜明的风格对比。

---

① 图片源自 Charles D. Weber, Chinese Pictorial Bronze Vessels of the Late Chou Period. Part Ⅲ, Artibus Asiae, Vol. 29 No. 2/3 (1967), p187, fig. 45d.

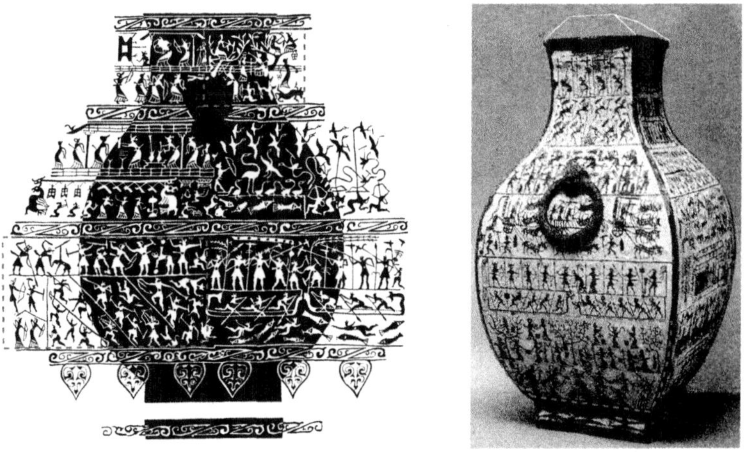

图 6-4　方圆画像铜器上的动静之势（左：故宫壶①；右：Lally 铜钫②）

三、方静圆动：天地、阴阳之道

《文心雕龙·定势》言：

> 圆者规体，其势也自转。方者矩形，其势也自安。……是以绘事图色，文辞尽情，色糅而犬马殊形，情交而雅俗异势，熔范所拟，各有司匠，虽无严郛，难得逾越。然渊乎文者，并总群势；奇正虽反，必兼解以俱通；刚柔虽殊，必随时而适用。③

圆壶之上的采桑画像本身圜转错落、充满动感，且和射侯画像一道首尾相连重复环绕于颈部一周，没有明显的分界线，即“圆者规体，其势也

① 图片源自故宫博物院：《故宫青铜器图典》，紫禁城出版社，2010 年，196 页。

② 国庆华：《试说新见两对流散西方青铜器上的建筑和图像》，《中国建筑史论汇刊》第六辑，中国建筑工业出版社，2012 年，第 436 页，图 1b。

③ 范文澜：《文心雕龙注》，人民文学出版社，1962 年，530 页。

自转”。而方壶之上的采桑画像则静谧自安、秩序井然，刻画于相互独立的铜钫钫壁上，即“方者矩形，其势也自安”。方圆之器上的动静图式清晰可辨（见表6-1）。

表6-1　　**画像铜器与天地之道对照表**

器型	钮数	图式	每层纹饰	天地之道	阴阳和合
圆器	3钮	充满动感	圜转相连	天道（阳）	阴纹+镶嵌
方器	4钮	静谧自安	各有分职	地道（阴）	阳纹+镶嵌

东汉数学家、天文学家赵爽（约公元182-250年）为《周髀算经》作注时，将方圆器物上的动静之势与早期的“天圆地方”宇宙观联系在一起：

物有圆方，数有奇偶。天动为圆，其数奇；地静为方，其数偶。此配阴阳之意，非实天地之体也。天不可穷而见，地不可尽而观，其能定其圆方乎?①

“天圆地方”并非指天地的形状，而是因圆动、方静之势与天地阴阳之道相合，也即“天动地静”“天阳地阴”。因此，画像铜器上的动静之势深含天地之道。

《吕氏春秋·圜道》中对天地之道做了进一步阐释：

天道圜，地道方，圣王法之，所以立上下。何以说天道之圜也?精气一上一下，圜周复杂，无所稽留，故曰天道圜。何以说地道之方

① （汉）赵君卿注，（北周）甄鸾重述，（唐）李淳风等注释音译：《周髀算经》，文物出版社，1980年，据上海博物馆藏宋嘉定六年本影印，第24页。

也？万物殊类殊形，皆有分职，不能相为，故曰地道方。①

画像圆壶的每层纹样均周还往复，其微微鼓起的壶盖更有“天象盖笠”的意象，而铜钫的四面因折棱而“皆有分职，不能相为”。且圆壶壶盖上有三只钮、铜钫盖上四只钮，其奇偶之数、动静之势、方圆器型的确蕴含着天地之道。恰如北宋黄伯思（公元1079—1118年）便认为圆壶像天、方壶像地：

古之为器，必具方圜。壶之有方壶，犹鼎之有方鼎，盖备乾坤之象，辨君臣之义。故说者谓燕礼之方壶为卿大夫而设，以臣道直方义，盖地道也，臣道也。②

此外，画像铜壶器型虽像天道（阳），却以阴纹呈现充满动势（阳）的画像纹样；铜钫器型虽像地道（阴），却以阳纹呈现静谧（阴）的画像纹样。再加之阴阳画像纹又分别以红铜、铅锡合金、漆、颜料等物质镶嵌其中，填平器面、消弭凹（阴）凸（阳），也蕴含着阴阳和合之义。

第二节　采桑母题的经营位置：桑树之象

且先看青铜器之上的各大母题画像的涵义：

(1) 采桑。据《礼记·祭统》载：

王后蚕于北郊，以共纯服……夫人蚕于北郊，以共冕服……王后夫人非莫蚕也，身致其诚信，诚信之谓尽，尽之谓敬，敬尽然后可以事神明，此祭之道也。

① 许维遹：《吕氏春秋注》，中华书局，2010年，第78-79页。

② （宋）黄伯思：《东观余论》卷上，上海图书馆藏宋嘉定中刊本，叶95背。

王后、夫人桑蚕之事，旨在为王和诸侯作祭服。

（2）射仪。据《礼记·射义》载：

> 天子将祭，必先习射于泽。泽者，所以择士也。已射于泽，而后射于射宫。射中者得与于祭，不中者不得与于祭。

“射于泽”，即画像铜器上数人于水泽旁仰射空中飞雁的弋射场景，也有一人乘舟、举弓射雁的场景。“射于宫”，即画像铜器上射者于建筑内射庭院之“侯”的画面。射仪中进退周还须符合礼节，发射中矢时还须合乎钟鼓的节奏，选其德行俱佳者助祭天子、诸侯的祭祀典礼。

（3）祭祀（即宴乐①）。此母题中“尸”或坐或立，接受主祭者献酒，又有于壶中酌酒、献豆、钟磬笙鼓、乐舞以娱神等画面，是《诗经·大雅·旱麓》中“清酒既载，骍牡既备，以享以祀，以介景福”的再现。

（4）田猎、狩猎。是大蒐礼中的环节，先行教练和检阅之礼，后借用田猎进行军事演习。画像铜器中既有车马驰骋的田猎之景，亦有与兽搏斗的特写狩猎画面，有“准戎事”的性质。此外，《春秋谷梁传·桓公四年》载：

> 四时之田，皆为宗庙之事也。

田猎前须前往祖庙请示，田猎之后又重返宗庙，用品相最佳的猎物做牺牲献祭，即《周礼·夏官·大司马》所载仲春“献禽以祭社”、仲夏“献禽以享礿”、仲秋“献禽以祀祊”、仲冬“献禽以享烝”。

（5）水陆攻战：顾名思义，以舟战和攻城为主题。

---

① 考古报告和各大博物馆中多将含有此母题纹样的画像铜器命名“宴乐……铜X（器型）”，释为乡饮酒礼、养老礼、或射礼前的燕饮、射礼后射中者向不中者的罚酒等，笔者认为其为祭祀画面。参见卢忠敏：《东周叙事性青铜器画像研究》，浙江大学博士学位论文，2021年6月，第125-220页。

可见，各画像母题皆围绕“国之大事，在祀与戎”（《左传·成公十三年》）的主旨，承载于国礼重器之上，且不同器型上的各母题位置不同，又有一定的规律可循。

一、圆壶上采桑画像的经营位置：颈部和盖部

阴纹画像铜壶虽有不同尺寸，但其器物形制却一致：弧面盖，盖面三个鸭形钮，口略敞，短颈溜肩，鼓腹，下腹内收，直圈足。画像纹分为三层，每层由二组不同母题的纹样重复环绕于器壁，层与层之间以二方连续的云纹装饰带隔开。各母题纹样于器物上的位置较为固定（表6-2）：盖部为狩猎纹，颈部为采桑与射侯，上腹部祭祀与弋射，下腹水陆攻战纹。

表6-2　**阴纹圆壶上各母题画像的经营位置**

<table>
<tr><th></th><th colspan="2">保利壶</th><th colspan="2">百花潭壶</th><th colspan="2">安大略壶</th><th colspan="2">故宫壶</th><th colspan="2">上博壶</th><th colspan="2">航博壶</th><th colspan="2">大张壶</th><th colspan="2">吉美壶</th></tr>
<tr><td>数量</td><td colspan="2">2</td><td colspan="2">1</td><td colspan="2">1</td><td colspan="2">1</td><td colspan="2">2</td><td colspan="2">2</td><td colspan="2">1</td><td colspan="2">1</td></tr>
<tr><td>尺寸</td><td colspan="2">高41
口径13.4
腹径26.6</td><td colspan="2">高40
口径13.4
腹径26.5</td><td colspan="2">高36.6
口径11.1
腹径22</td><td colspan="2">高31.6
口径10.9
腹径21.5</td><td colspan="2">高34.2
腹径
22.6</td><td colspan="2">高35
口径
10.9</td><td colspan="2">高35.5
口径12
腹径26</td><td colspan="2">不详</td></tr>
<tr><td>盖</td><td colspan="2">狩猎</td><td colspan="2">狩猎</td><td colspan="2">无</td><td colspan="2">无</td><td colspan="2">狩猎</td><td colspan="2">狩猎</td><td colspan="2">无</td><td colspan="2">无</td></tr>
<tr><td>颈部</td><td>射候</td><td>采桑</td><td>采桑</td><td>射候</td><td>采桑</td><td>射候</td><td>采桑</td><td>射候</td><td>射候</td><td>采桑</td><td>射候</td><td>采桑</td><td>采桑</td><td>射候</td><td>射侯</td><td>采桑</td></tr>
<tr><td>上腹</td><td>祭祀乐舞</td><td>弋射射候</td><td>弋射射候</td><td>祭祀乐舞</td><td>祭祀乐舞</td><td>弋射射候</td><td>舟射弋射</td><td>祭祀</td><td>祭祀</td><td>舟射弋射</td><td>祭祀</td><td>舟射弋射</td><td colspan="2">蟠螭纹（阳纹）</td><td>祭祀</td><td>乐舞弋射</td></tr>
<tr><td rowspan="2">下腹</td><td>舟战</td><td>攻城</td><td>舟战</td><td>攻城</td><td>攻城</td><td>舟战</td><td rowspan="2">舟战</td><td rowspan="2">攻城</td><td rowspan="2">舟战</td><td rowspan="2">攻城</td><td rowspan="2">舟战</td><td rowspan="2">攻城</td><td colspan="2" rowspan="2">蟠螭纹（阳纹）</td><td colspan="2" rowspan="2">狩猎纹</td></tr>
<tr><td colspan="2">狩猎纹</td><td colspan="2">狩猎纹</td><td colspan="2">狩猎纹</td></tr>
</table>

这种固定组合是根据圆壶器型上各装饰区域的位置、空间大小以及各母题画像的主次、繁简而设定（图6-5）。

首先，祭祀和水陆攻战场景远远比其他母题更为隆重和盛大，且是整个器物的主旨所在，故设定在观者的视觉中心且空间面积最大的鼓腹部处，以求这些场景能得到最丰富的刻画与展现。而近圈足处的下腹部因器型内收、且位置靠下，视线极易被遮挡，因此并未继续以画像纹样环器壁

装饰，而是以相对分散的莲瓣形装饰，再下方视线难及之处则留白不装饰。

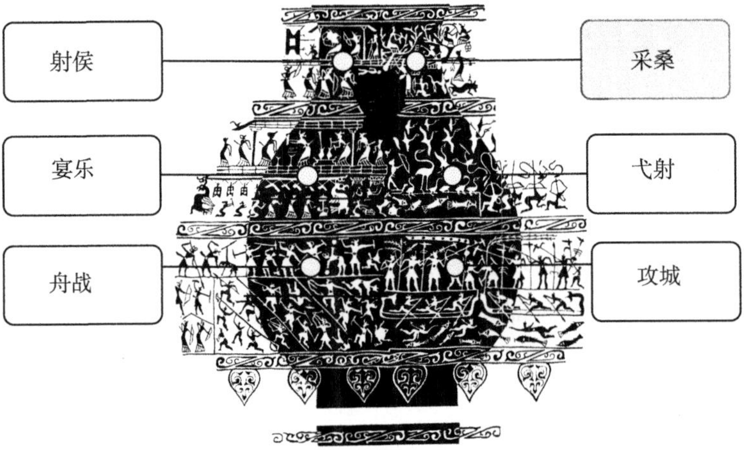

图 6-5　故宫博物院藏画像铜壶①

其次，弋射虽与射侯同为射仪的环节，但前者在内容上更为灵活且具拓展性：它分为舟射和弋射两部分，可根据空间大小拆分、组合；亦可在腹径更大的壶上（如保利壶、百花潭壶），与和颈部射侯镜像相反、形制又略有差异的射侯纹样组成完整的射仪母题。因此，将弋射设置在空间更大的上腹部，便可有更高的空间来安置展翅高飞、错落有致的群雁，又有更宽的空间来适应弋射纹样的拆分与组合。

最后，祭祀和射侯皆发生于建筑空间下，如果将射侯与祭祀同位于上腹部，则容易使构图显得呆板。而上腹部采用“祭祀（建筑）+弋射（水泽）”、颈部采“射侯（建筑）+采桑（桑林）”的构图，使画面疏密有度、都鄙有章，甚为适宜。

阳纹画像圆壶上，鲜少有采桑画像。仅河南辉县琉璃阁 76 号墓猎壶和

① 图片源自故宫博物院：《故宫青铜器图典》，紫禁城出版社，2010 年，196 页。

日本东京国立博物馆藏猎壶的壶盖上有采桑画像。此类画像铜壶的主体纹饰也分为三层，其中两层为特写的狩猎纹（1 人搏 2 兽或 1 人搏 1 兽），再于颈部或下腹部置入一层鸟蛇相斗或凤鸟纹样，每层又以宽阔的对称式或相互缠绕式的蟠螭纹隔开。此类猎壶不再是阴纹中犀兕麋鹿竞相奔逐、田车力士勇搏群兽的壮观场景，也不似阴纹铜壶上的画像场景种类多样，这些采桑画像缘何出现于盖部呢？

二、方壶上采桑画像的经营位置：下腹部

阳纹画像铜钫的器型为方体四棱式，直口方唇，壶口微侈，四棱腹，腹四面鼓出，直方圈足。其每个面都近乎平直，视线没有遮挡，所以里特钫和 Lally 钫从口沿到圈足处分三层满饰画像纹样，且相邻的两个面重复：A 面上层为礼制建筑下的祭祀乐舞母题、中层田猎母题、下层庙门内杀牲母题，B 面上层为攻城母题、中层水陆攻战母题、下层采桑母题。

四面纹饰相同的台北“故宫博物院”藏的铜钫上，画像阳纹也分为三层，肩颈部为祭祀母题、腹部田猎母题、下腹采桑母题——将前两件铜钫 A 面的上两层以及 B 面的下层集于一面。与前两件铜钫整体满饰画像阳纹不同的是，台北钫上还有与画像阳纹同宽的三层阴纹装饰带（饰以红铜镶嵌的几何纹和龙纹）间饰其中，因而画像纹样出现断层与缩减：祭祀的建筑减为两层、且无乐舞场景，采桑纹样也减为两层且下移至下腹部最底端。

表 6-3　**方壶上各母题画像的经营位置**

	故宫钫	里特钫		Lally 钫	
		A 面	B 面	A 面	B 面
尺寸	高 45. 3、腹深 39. 9、口径 11. 7	高 43	高 44. 5		
盖	无	无	无		
颈部	几何纹（阴纹）	祭祀	攻城	祭祀	攻城
	祭祀				

续表

	故宫钫	里特钫		Lally 钫	
		A 面	B 面	A 面	B 面
上腹	龙纹（阴纹）	田猎	行军舟战	田猎	行军舟战
	田猎				
下腹	几何纹（阴纹）	杀牲	采桑	杀牲	采桑
	采桑				

画像铜钫一般认为是战国早中期的产物，年代比画像铜壶更晚一些，缘何铜钫中的采桑纹饰不再位于颈部？笔者认为这同样也是出于对器型特征的视觉考量。

一方面，画像铜钫中的盖虽均已缺失，但从其他钫盖以及台北故宫铜钫在《宁寿鉴古》中的摹本可以看出其形制：方形，盖顶水平方向为一小正方形，小方形的四角往下作斜坡，从正面看神似建筑的四阿顶。因此，将建筑内的祭祀母题纹样（A 面）设置于四阿平顶式钫盖下的颈部，如同给二维的祭祀建筑加上三维的屋顶以突出礼制建筑的特殊性及其下祭祀场景的重要性；将架云梯以登高的攻城母题纹样（B 面）设置于四阿平顶式钫盖下的颈部，给攻城画面的城墙加上用以登高观察战况和居高射杀敌人的城楼，使城墙上下的空间感加强，攻城场景更为生动（图 6-6）。而场面盛大的田猎（A 面）和水陆攻战（B 面）画像，依旧如圆壶中一样，位于装饰面积最大的鼓腹部，那么采桑纹样位于下腹部最为合适。

另一方面，A 面别出心裁地在下腹部设置庙门内杀牲等画面与颈部祭祀画面相呼应，使 A 面除了中间的田猎纹样之外皆为发生于宗庙建筑庭院之中的仪式场景。而 B 面，先描绘距城门最远距离的水师舟战，其次是行军出征图，进而双方军队交战于城外，最后攻方直逼城门下。蚕桑母题虽与战争无关，但也发生于城外东郊，故而也设置于 B 面。

如此一来，铜钫和铜壶一样，在母题组合和空间布局上均采用建筑庭

图 6-6　Lally 铜钫（左：A 面；右：B 面）①

院以象城内、郊野水泽以象城外的都鄙二元城市空间格局。《国语·楚语》云：

> 地有高下，天有晦明，民有君臣，国有都鄙，古之制也。②

郑玄注“都鄙”为“公卿大夫之采邑，王子弟所食邑”③，是以《春秋左传·襄公三十年》中夸赞郑卿子产执政期间“都鄙有章，上下有服”。众多公卿大夫管辖的都鄙，共同组合成国与野，即《周礼·天官冢宰》所言“惟王建国，辨方正位，体国经野，设官分职，以为民极。”凡建国之初，皆参照方位划分国野、都鄙，并分设官职统辖。因此，都鄙是公卿大夫的权力、地位和能力象征。以小（城鄙）观大（国野），青铜器参照城鄙空间格局设置“国之大事，在祀与戎”的各母题画像，便体现了画像铜

① 国庆华：《试说新见两对流散西方青铜器上的建筑和图像》，《中国建筑史论汇刊》第六辑，中国建筑工业出版社，2012 年，第 438 页，图 4。

② 徐元诰撰，王树民、沈长云点校：《国语集解》，中华书局，2002 年，第 499 页。

③ （汉）郑玄注，（唐）贾公彦疏：《周礼注疏》，北京大学出版社，1999 年，第 28 页。

器的使用阶层——卿大夫士的家国情怀和理想抱负。

三、有柄器上采桑画像的经营位置：柄部

有柄的画像铜器是高柄铜钫和铜豆。高柄铜钫的器型为铜钫的缩小版加高柄而已，其钫盖同样也是四阿平顶式，因此其钫身上各母题画像的位置与铜钫一致：攻城位于盖下的颈部、田猎位于腹部、采桑设于下腹部，四面纹饰相同。除此之外，它的高柄上方还有采桑画像，与下腹部的采桑画像呼应。

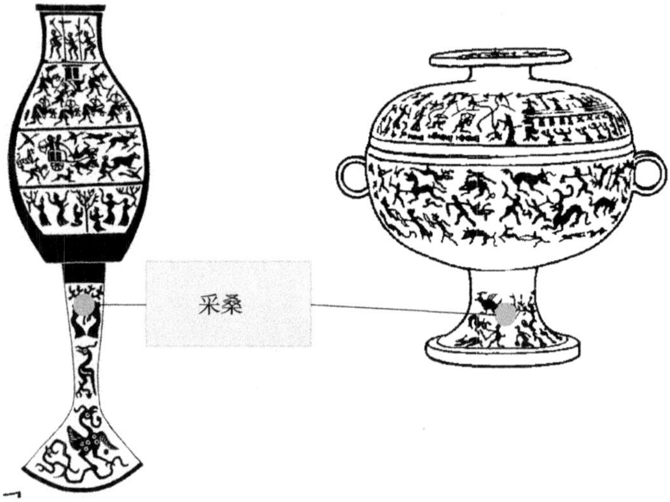

图 6-7 有柄器上采桑画像的经营位置（左：德扬高柄铜钫①；右：华尔特铜豆②）

阴纹铜豆也将采桑画像设置于柄部，这也是由器型决定的：盖豆的盖面和腹部是器物最鼓、空间最大之处，因此设置大场景的狩猎、水陆攻战

① 图片出自：CharlesD. Weber，ChinesePictorialBronzeVesselsoftheLateChouPeriod3，ArtibusAsiae，Vol. 29. No. 2/3（1967），第 187 页，图 45d.

② 图片源自 Charles D. Weber，Chinese Pictorial Bronze Vessels of the Late Chou Period，Artibus Asiae，Vol. 30 No. 2/3（1968），p221，fig. 66h.

画像，抑或是最为重要的祭祀乐舞场景；而弋射母题在阴纹铜壶中常常与祭祀母题组合在一起，所以也设置于豆盖上；采桑画像则与狩猎纹一起位于柄部。

四、桑树之象与“天人合一”

从上述各母题画像于不同器物上的经营位置可以看出，采桑纹饰是最为丰富者：它位于镶嵌铜壶之颈部、镶嵌铜豆之柄部、阳纹铜壶之盖部、阳纹铜钫之下腹部、阳纹高柄铜钫的下腹部和柄部。若忽视阴阳纹装饰手法的差异，仅从器型上看，采桑母题的经营位置是：铜壶的上端（盖部和颈部）、铜钫（包括高柄铜钫上部的小铜钫）的下端（最靠近壶底的下腹部）以及有柄器（铜豆和高柄铜钫）的柄部。

与前文刚讨论过的方圆之器上采桑母题的动静之势、天地之道相结合，便是：在象地的铜钫上，其如桑树扎根于黄土一样位于器物最下部，桑树形象笔直挺拔，在几近平直的器壁上似能扶摇直上，直达于天；在如树木枝干一样笔直的器物柄部，一株桑树独自屹立；在象天的铜壶上，其位于最上端，桑树形象枝繁叶茂、阴翳蔽日，甚至直接位于犹如天穹的壶盖之上。无论是采桑画像在方圆器物上的位置，还是桑树的图式与风格，皆与桑树的形象吻合（图6-8）。

> 知者创物。巧者述之守之，世谓之工。百工之事，皆圣人之作也。（《周礼·考工记》）

器以载道，每件器物都是智者精心创作，再由能工巧匠将其广泛制作并传承下来。故而画像铜器上各部位的母题以及母题组合也肯定是经过反复推敲设计的，有其独特的设计理念和参照法则。但采桑母题几经位置重设和模件重组，却依然存在于这类器物外壁上，它甚至可以被替代。但无论是位置经营、动静图式还是阴阳纹饰、盖钮的奇偶之数，均与天地阴阳之道、圣木桑树之形一致，是巧合还是有意为之呢？

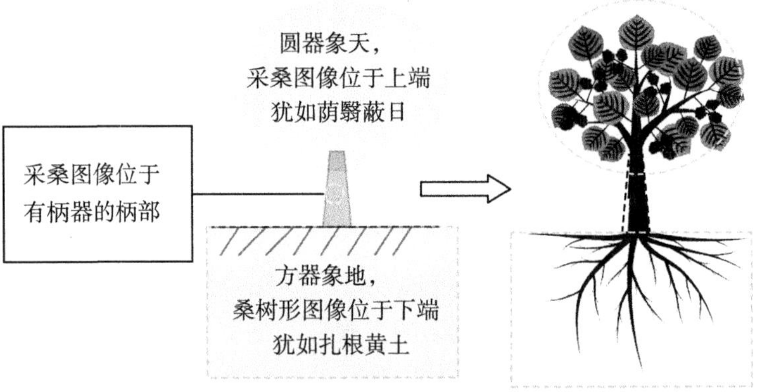

图 6-8　采桑母题于器物上的位置与桑树比较图

《说文解字·叒部》曰：

> 叒。日初出东方汤谷，所登榑桑，叒木也。象形。凡叒之属皆从叒。

而叒部之下仅“桑”一字，释为：

> 桑，蚕所食叶木。从叒木。

段玉裁注曰：

> 榑桑者，桑之长也，故字从叒。桑不入木部，而传于叒者，所贵者也。①

① （汉）许慎传，（清）段玉裁注：《说文解字注》，上海古籍出版社，1981 年，第二七二·下。

足见桑树比其他树木特殊，其长者为十日借由登天的神木榑桑（即扶桑），桑林也便成为古人祭天求雨的圣地，是沟通天地的场所和媒介。它具有“社树”性质，采桑饲蚕做成的祭服也是祭祀时穿着于身沟通天地神鬼之“丝衣”，再加上采桑图像中又有桑林乐舞、射牲甚至祭祀场景，其借助青铜吉金这一“永恒”媒介（详见第三章第一节），沟通天地之用昭然若揭。

《礼记·乐记》云：

> 簠簋俎豆，制度文章，礼之器也。

器物大小、方圆、铭文、纹饰等皆是礼器的组成部分，“器道合一”。三代青铜器的主流纹饰是抽象、神秘、庄重的自然万物几何符号和动物纹（龙、凤、牛、鹿、以及动物合体图案）等，张光直认为它们是沟通天地的“蹻”。而东周新兴的画像纹饰以其具象生动的人物动态造型和超强的自我述说性，使其与主流风格迥异。但不能简单地因新风格纹饰的出现就否认礼器性质，因为，传统的主流纹样在画像铜器中并未消失，只是成为琳琅满目的画像题材之间的辅纹（图6-9）：

> ①镶嵌画像铜壶和阳纹画像铜壶壶盖的中心，是抽象的自然万物几何形符号，有明纹、火纹、旋涡纹等释读。
>
> ②镶嵌画像铜壶每层主纹之间，是抽象变形后的龙纹（或释为云纹）装饰带。
>
> ③镶嵌铜壶最下层莲瓣形空间里，饰有同首异身的神兽或背靠背的翼兽。
>
> ④阳纹高柄铜钫柄部，采桑纹与鸟衔蛇或神人异兽纹饰组合。
>
> ⑤刻纹画像铜器底部常有蟠蛇纹，口流处有神木、异兽等。

就连画像题材主纹中也充满了神异元素，需要进一步商榷：如镶嵌狩

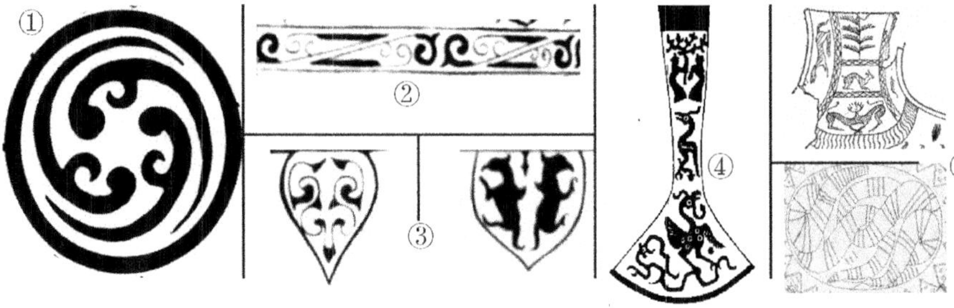

图 6-9　人事画像铜器上的辅纹①

猎母题中，有很多有翼神兽、四目目兽、兽首人身、鸟人等；阳纹狩猎铜壶中，有鸟蛇相斗、凤鸟、神人异兽等与人兽搏斗、弋射等人事母题共同组成主要纹饰；大张壶中除了颈部为镶嵌采桑、射仪母题外，腹身满饰抽象的传统浅浮雕龙纹、蟠螭纹等；台北铜钫除了阳纹宴饮、田猎、采桑画像纹饰外，还有与画像纹饰同宽的镶嵌龙纹、几何纹装饰带。

因此，画像铜器虽然以人事活动画面为主，但也与神异题材纹饰如影随形。并且在经营位置上根据天地之道、桑树之象安置采桑母题，母题中无论是桑林空间语境、躬桑仪式，还是乐舞、祭祀等环节本身皆是描绘祈神通天之景。单就采桑母题来看，画像铜器器便具有纵贯天地的礼器性质。

那么，青铜礼器上新型视觉结构的出现，又蕴含着怎样的宗教或哲学意义上的变化呢?《周礼·大宗伯》载：

> 以苍璧礼天，以黄琮礼地。

① ①图片出自东京所藏狩猎壶采桑纹壶盖的中心；②图片出自故宫博物院藏镶嵌画像铜壶；③左图出自四川百花潭铜壶下腹部，右图出自故宫博物院藏镶嵌画像铜壶；④图片出自 Eric Lidow 收藏的高柄铜钫；⑤上图出自江苏六合县和仁东周墓铜匜残片，⑤下图出自湖北襄阳余岗 173 号楚墓铜匜。

圆象天，故而以圆形苍璧礼天，方象地，故而以方形黄琮礼地，均是沟天通地之礼器。采桑画像最常见于圆型（壶）和方型（钫、高柄铜钫）的酒器之上，又恰好位于象征天道圆器的“上端”——与天沟通，位于象征地道方器的“下端”——与地相连。此外，采桑画像还有个特殊的位置——人们进献大羹（铜豆）和酒（高柄铜钫）时所持器物之“柄部”。这直立的柄部连接天地，更像是沟通天地的人。于是乎，呈现出“天、地、人”三位一体的宇宙空间观。

不谋而合的是，东周画像铜器视觉语境新兴之际，正是先秦诸子“天人合一”的核心思想争鸣之时。在此前“绝地天通”① 的神话语境下的数千年里，一般人不能与天直接沟通，人神之间的媒介垄断在巫或王手中，王藉由“天”的命令来彰显其政治权威。而到了老子和孔子的时代，“天人合一”观念有了质的飞跃：个人可通过高度的精神修养，将“心”净化至一尘不染，便可取得与“天”沟通的自由。

回归到青铜礼器之上，张光直先生认为商周礼器上常见的动物纹样“也扮演了沟通人神世界的使者的角色”②，他所指的“人”即巫。早期青

① 《国语·楚语》载：“昭王问于观射父曰：‘《周书》所谓重、黎实使天地不通者，何也？若无然，民将能登天乎？’对曰：‘非此之谓也。古者民神不杂。民之精爽不携贰者，而又能齐肃衷正，其智能上下比义，其圣能光远宣朗，其明能光照之，其聪能听彻之，如是则明神降之，在男曰觋，在女曰巫。是使制神之处位次主，而为之牲器时服，而后使先圣之后之有光烈，而能知山川之号、高祖之主、宗庙之事、昭穆之世、齐敬之勤、礼节之宜、威仪之则、容貌之崇、忠信之质、禋洁之服而敬恭明神者，以为之祝。使名姓之后，能知四时之生、牺牲之物、玉帛之类、采服之仪、彝器之量、次主之度、屏摄之位、坛场之所、上下之神、氏姓之出，而心率旧典者为之宗。于是乎有天地神民类物之官，是谓五官，各司其序，不相乱也。民是以能有忠信，神是以能有明德，民神异业，敬而不渎，故神降之嘉生，民以物享，祸灾不至，求用不匮。及少皞之衰也，九黎乱德，民神杂糅，不可方物。夫人作享，家为巫史，无有要质。民匮于祀，而不知其福。蒸享无度，民神同位。民渎齐盟，无有严威。神狎民则，不蠲其为。嘉生不降，无物以享。祸灾荐臻，莫尽其气。颛顼受之，乃命南正重司天以属神，命火正黎司地以属民，使复旧常，无相侵渎，是谓绝地天通。’”徐元诰：《国语集解》，中华书局，2002 年，第 512-515 页。

② 张光直：《美术、神话与祭祀》，辽宁教育出版社，2002 年，第 52 页。

铜器上也有包括巫祝在内的神灵图像，多以对称的正面形象或有特定身姿的正、侧面形象呈现，且多单体化独立存在①，给人以庄严肃穆的视觉效果。而到了春秋晚期，多人、多场景的礼仪图式同出于青铜礼器上，且他们不再凸显单个的“巫”或神人形象，而是集体曲腰“磬折”、恭而有礼的谦谦君子形象。即便是身份最尊贵者（比如祭祀母题中的“尸”），身高和姿态也与其他个体无异，完全合乎社会伦理秩序“礼”。

《孟子·尽心》曰：

> 夫君子，所过者化，所存者神，上下与天地同流。

作为独立个体的君子，可通过修养心中的“浩然之气”，与天地宇宙之气合而为一。不管是画像中的人物还是画像礼器的受众（使用者和观看者），都是贵族阶层，即百家争鸣中把天人关系从原始宗教信仰的桎梏中上升至哲学思辨、追寻个人生命意义的君子所在之阶层。

青铜礼器以画像形式呈现人文新思潮的觉醒，同时它也是同一目标（天人合一）驱动下教化和推广新思潮的载体：画像人物中文质彬彬、天人合一的君子形象，是观者陶情养气、修身养性的范本和目标；观者以其为典范修整仪容的同时，又与之产生共鸣，达到“天地与我并生，而万物与我为一”（《庄子·齐物论》）的境界。

值得注意的是，新兴的叙事性画像题材在数量上依旧难以与传统纹样匹敌，巫对国家的影响力大幅衰落，但仍活跃在广大的民间文化领域甚至统治阶层（如楚国和齐国）中。画像与传统纹样并非截然对立，而是兼容并蓄，它们所附着的青铜礼器沟通天地的功能没变，变的是能与天地沟通之人的身份。即使新兴画像纹饰是此变化的特有产物，也不妨碍众多个体（而非单个“巫”）通过传统纹样铜器实现与天地的交通。

① 胡绍宗：《中国早期制像艺术》，人民美术出版社，2011 年，第 172-179 页。

第三节 男女同在之阴阳和合：共承宗祧

在父权、夫权为主的古代宗法制家族中，女性的地位明显低于男性。然青铜礼器上公然以视觉图像形式将女性形象置于公共视野中，除了躬桑仪式、桑林的神圣性以及桑蚕以作祭服的重要性外，还有一个重要的原因——宗法制度与家庭伦理观念相结合下女性在家族祭祀活动中地位的提升。

在日常生活中，礼制对男女之间的互动规范得非常严格：

> 男女授受不亲。(《孟子·离娄上》)
>
> 男不言内，女不言外，非祭非丧，不相授器。(《礼记·内则》)
>
> 非祭，男女不交爵。(《礼记·坊记》)

宗庙祭祀和丧礼是公开确认和展示女性社会身份与地位的少有平台。而男子娶妻的首要目的，也与宗庙祭祀密不可分——妻子要传递香火、共承宗祧。

> 昏礼者，将合二姓之好，上以事宗庙，而下以继后世也。(《礼记·昏义》)
>
> 既内自尽，又外求助，昏礼是也。故国君娶夫人致辞曰："请君之玉女，与寡人共有敝邑，事宗庙社稷。"此求助之本也。夫祭也者，必夫妇亲之，所以备外内之官也，官备则具备。(《礼记·祭统》)
>
> 凡君即位，好舅甥，修昏姻，娶元妃以奉粢盛，孝也。孝，礼之始也。(《春秋左传·文公二年》)
>
> 君亲制祭，夫人荐盎，君亲割牲，夫人荐酒。卿大夫从君，命妇从夫人。(《礼记·礼器》)

作为血缘共同体的重大仪式，祭祀由男女两性共同搬演完成，犹如社会与家庭职责中有明确的性别分工。

在《易传·系辞》中将男女两性与乾坤卦象相联系：

> 乾道成男，坤道成女。
>
> 乾，阳物也；坤，阴物也。阴阳合德，而刚柔有体，以体天地之撰，以通神明之德。

将两性与阴（坤）阳（乾）相联系，也见于《礼记·昏义》中：

> 古者天子后立六宫、三夫人、九嫔、二十七世妇、八十一御妻，以听天下之内治，以明章妇顺，故天下内和而家理。天子立六官、三公、九卿、二十七大夫、八十一元士，以听天下之外治，以明章天下之男教，故外和而国治。故曰："天子听男教，后听女顺；天子理阳道，后治阴德；天子听外治，后听内职。教顺成俗，外内和顺，国家理治，此之谓盛德。"……故天子之与后，犹日之与月，阴之与阳，相须而后成者也。

男女分工明确、阴阳合德，才是治国理家之道。因此，青铜礼器上首度出现女性参与的躬桑仪式画面，便蕴含着家国兴旺之道。

统观画像铜器上的母题组合（祭祀、射侯、弋射、舟战、攻城、狩猎、采桑）便可发现，女性参与的采桑母题仅为其中之一。它不仅不能作为主题纹饰单独刻画于器物上，在刻纹水器上由于构图等原因并未被采用。画像铜器还是以男性人事活动为主，有戎事之寓的狩猎和水陆攻战母题甚至可以单独饰于器上，而本应男女共同参与的祭祀母题画像中，也仅有男性。

正如高凤翰所言：

> 周代女性祭祀地位的提高，在表面上是‘夫妻一体’的体现，但实质上，在以父权为核心的宗法制度下，女性在实质上并非真正与男性平等，而是在承担生育只能以延续家族之宗旨下，依赖于男性并将自身融化于男性意志之中。①

比如从活动空间看，女性仅出现在宗庙建筑相对私密的房与室中，而不包括公共性的堂、庭、庙门外。从祭祀仪节来看，女性只参与祭祀当天的部分仪式。女性在仪式中“陪同”主人献礼，与男性是“主从”“尊卑”的关系，这与画像铜器中各母题也有主次之分一样。

因此，采桑画像的出现不仅因桑蚕以为祭服，还因女子在宗庙祭祀、传承香火中不可或缺的地位，是治国理家的阴阳和合之道。

① 朱凤瀚：《论商周女性祭祀》，张国刚主编：《中国社会历史评论》第一卷，天津古籍出版社，1999年，第134页。

结　语

战国青铜器上的采桑画像是现存最早的采桑图像，它不仅以视觉图像形式承载了先秦桑蚕文化的历史记忆，而且承载了时人“天、地、人”的空间观和“天人合一”的核心思想。当我们穿越时间和空间与这些图像进行对话与交流时，不仅要考虑到它们的历史、文化、思想背景，而且要还原它们的生产、制作、使用机制以及早期视知觉语境，重新思考二维画像如何“翻译”三维空间甚至四维时空。

青铜器上的采桑画像皆模印而成，将其解构成不同模件后，可发现空间大小直接影响着人物组合之间的距离和细节：在空间较小的镶嵌壶豆上，男女之间貌似有“牵手”“拉扯”“赠送枝柯”等亲昵互动；但在空间较大的阳纹铜钫上，人物间距拉大，这种亲昵现象便不复存在。此外，被释为授受信物的“枝柯”实为采桑农具“钩”，“香草花卉”实为桑叶，而所谓的高禖授“弓”也实为伐桑的刀锯类农具；更何况学者对“会男女”、“奔者不禁”和“桑间濮上”等文本的情爱解读有待商榷。如此一来，采桑画像并非浪漫情爱色彩的“高禖”习俗，而是诸公子协助夫人（世妇）完成躬桑仪式，男女各司其职、分工合作。

与先秦桑蚕仪式相关的记载甚少，今人可从青铜器上遗存下来的静态平面画像中管窥。但仪式搬演的本质上并非静态，我们不能简单地将采桑画像视为静态的、共时性的集体采桑仪式，而应是主要角色在桑林语境中完成仪式搬演的“动图”——其图式匠心独运地保留了礼仪搬演的历时性、表演性和叙事性，使画像人物“活”起来，犹如一帧一帧的动画合集。在此，空间是被时间所牵引着的，时间维度乃是其主导维度。

是以，青铜器上的各母题画像紧紧围绕“国之大事，在祀与戎”这一中心展开，它们与铭文一样皆服务于青铜器的性质和功能，而非起决定性作用。青铜具有永恒媒介属性，是遗传后世、子子孙孙永保用的重要物质载体，故而先秦时称作“彝器”和“明器”，即用于宗庙、宴飨中的宝器，人死后根据墓葬级别随葬。我们不能因画像纹饰的艺术价值去否认礼器属性，画像铜器仍是祭祀、宴飨中使用的礼器，具有沟通天地、鬼神、人和的功能。其上礼仪画面更具有教化、示范作用，凭借青铜永恒媒介的属性将礼仪文化传承下去，“子子孙孙永宝用享”。

参 考 文 献

一、专著与论文

[1] ALEXANDER B. C., Ritualand Current Studies of Ritual: Overview [J] // In Glazier S. D., Anthropoligu of Religion: A Handbook. Westport, CT: Greenwoodpress, 1997.

[2] 保利艺术博物馆. 保利藏金（续）[M]. 广州：岭南美术出版社，2001.

[3] CHARLES D. Weber, Chinese Pictorial Bronze Vessels of the Late Chou Period Part Ⅳ [J]. Artibus Asiae, 1968 (30): 2-3.

[4] CHARLES D. Weber, Chinese Pictorial Bronze Vessels of the Late Chou Period Part Ⅲ, Artibus Asiae, 1967 (29): 2-3.

[5] 陈桂权.《耕织图》中的“男子采桑”[J]. 文史知识，2013（09）.

[6] 陈梦家. 美帝国主义劫掠的我国殷周铜器集录 [M]. 北京：科学出版社，1962.

[7] 陈长虹. 贞节与春思——桑下女图考 [J]. 美术史研究集刊，2002（36）.

[8]（清）段玉裁. 说文解字注 [M]. 上海古籍出版社，1981.

[9] 杜恒. 试论百花潭嵌错图像铜壶 [J]. 文物，1976（3）；又收录于李学勤. 新出青铜器的研究 [M]. 北京：文物出版社，1990.

[10] 杜迺松. 青铜器鉴定 [M]. 桂林：广西师范大学出版社，1993.

[11]（唐）杜佑. 通典 [M]. 北京：中华书局，1992.

[12] (晋) 杜预注，(唐) 孔颖达正义．春秋左传正义 [M]. 北京：北京大学出版社，1999.

[13] 范文澜．文心雕龙注 [M]. 北京：人民文学出版社，1962.

[14] 方辉．记皇家安大略博物馆收藏的一件画像青铜壶 [J] //海岱地区青铜时代考古，济南：山东大学出版社，2007. 原载于《故宫文物月刊》1999（17 卷第 2 期。

[15] (唐) 房玄龄．晋书 [M]. 北京：中华书局，1974.

[16] 故宫博物院．故宫青铜器图典 [M]. 北京：紫禁城出版社，2010.

[17] 郭宝钧．山彪镇与琉璃阁 [M]. 北京：科学出版社，1959.

[18] 郭沫若．两周金文辞大系图编序说——彝器形象学试探 [M] //郭沫若全集（卷 7）. 北京：人民出版社，1982.

[19] 郭沫若．青铜器时代 [M] //郭沫若全集（卷 1）[M]. 北京：人民出版社，1982.

[20] 国庆华．试说新见两对流散西方青铜器上的建筑和图像 [M] //中国建筑史论汇刊（第六辑），北京：中国建筑工业出版社，2012.

[21] (周) 韩非．韩非子 [M] //四部备要（52 册），北京：中华书局，1989.

[22] 何颖康．从战国采桑图看四川养蚕及丝织业的历史 [J]. 四川文物，1991（1）.

[23] 河北省文物研究所．河北平山三汲战国墓挖掘报告 [R] //考古学集刊（第五辑），北京：中国社会科学出版社，1987.

[24] 河北省文物研究所．战国中山国灵寿城：1975—1993 年考古发掘报告 [M]. 北京：文物出版社，2005.

[25] 胡绍宗．中国早期制像艺术 [M]. 北京：人民美术出版社，2011.

[26] 湖北省博物馆．曾侯乙墓 [M]. 北京：文物出版社，1989.

[27] 湖北省荆沙铁路考古队．包山楚墓 [M]. 北京：文物出版社，1991.

[28] 湖南省博物馆．长沙楚墓 [J]. 考古学报，1959（1）.

[29] 湖南省博物馆，中国科学院考古研究所．长沙马王堆一号汉墓（下）

[M]. 北京：文物出版社，1973.
[30] （宋）黄伯思．东观余论（卷上）[M]. 上海图书馆藏宋嘉定中刊本.
[31] 黄厚明．商周青铜器纹样的图式与功能：以饕餮纹为中心 [M]. 北京：方志出版社，2014：22.
[32] 黄铭崇．殷代与东周之“弄器”及其意义 [J]. 古今论衡，2001-06 (6).
[33] JEAN M. James, A Small Figural Bronze in the Shanghai Museum [J]. Archives of Asian Art, 1995 (48).
[34] 江苏省文物管理委员会，南京博物院．江苏六合程桥东周墓 [J]. 考古，1965 (3).
[35] （清）焦循．孟子正义 [M]. 北京：中华书局，1987.
[36] 荆云波．文化记忆与仪式叙事：《仪礼》的文化阐释 [M]. 广州：南方日报出版社，2010.
[37] 孔许友．论春秋时期的刑书书写——以铸刑鼎之争为中心 [J]. 云南社会科学，2016 (3).
[38] （明）邝璠．便民图纂 [J] //郑振铎编．中国古代版画丛刊 (2)，上海：上海古籍出版社，1988.
[39] [德] 雷德侯．万物：中国艺术中的模件和规模化生产 [M]. 张总，等译，北京：生活·读书·新知三联书店，2005.
[40] [法] 雷吉斯·德布雷．媒介学引论 [M]. 刘文玲，译．北京：中国传媒大学出版社，2014.
[41] 李夏廷．关于图像纹铜器的几点认识 [J]. 文物集刊，1992 (4).
[42] 李夏廷、李劭轩．晋国青铜艺术图鉴 [M]. 北京：文物出版社，2009.
[43] 李学勤．东周与秦代文明 [M]. 上海：上海人民出版社，2007.
[44] 李学勤．青铜器入门 [M]. 北京：商务印书馆，2013.
[45] 李有成．定襄县中霍村东周墓发掘报告 [R]. 文物，1997 (5).

[46] 李浈．刀锯考辩 [D]．建筑史论文集 2002 (16).

[47] 历史语言研究所展品图录制作小组．来自碧落与黄泉 [M]．北京：中央研究院历史语言研究所出版，1998.

[48] (清) 梁诗正．宁寿鉴古 [M]．上海：商务印书馆出版，1913.

[49] 林汉铮，李于昆，黄迅．战国采桑宴乐射猎攻战纹研究 [J]．福建文博，2016 (3).

[50] [日] 林巳奈夫．战国时代の画像纹 [J]．考古学杂志，1957 (47)：3-5.

[51] 刘敦愿．关于战国青铜器画像问题的若干思考 [J] //山东大学历史系考古教研室．纪念山东大学考古专业 20 周年文集．济南：山东大学出版社，1992.

[52] 刘敦愿．中国古代绘画艺术中的时间与运动 [M]．美术考古与古代文明，北京：人民美术出版社，2007.

[53] 刘敦愿．中国青铜器上的采桑图像 [J]．文物天地，1990 (5).

[54] 刘坤太．"桑林"考证与阳城蚕桑 [J]．北方蚕业，2008 (3).

[55] 刘芊．"巫射"文化语境中的曾侯乙墓漆箱"树木射鸟图"内涵再审视 [J]．装饰，2013 (12).

[56] 刘雨，沈丁，卢岩，等．商周金文总著录表 [M]．北京：中华书局，2002.

[57] 卢忠敏．东周叙事性青铜器画像研究 [D]．浙江大学博士学位论文，2021.

[58] 吕亚虎．东周婚姻礼俗研究 [D]．陕西师范大学硕士学位论文，2003.

[59] 马承源．漫谈战国青铜器上的画像 [J]．文物，1961 (10).

[60] NICOLE VANDIER, Notesurun Vase Chinois du MuséeduLouvre, Revuedes. artsasiatiques, Vol. 12, No. 4 (DÉCEMBRE1938), p. 135, fig. 2.

[61] 潘祥辉．华夏传播新探：一种跨文化比较视角 [M]．上海：复旦大

学出版社，2017.

[62] 彭兆荣．人类学仪式的理论与实践［M]．北京：民族出版社，2007.

[63] 钱存训．书于竹帛：中国古代的文字记录［M]．上海：上海书店出版社，2003.

[64]（清）秦蕙田．五礼通考［M］//文澜阁四库全书（135册)．台北：台湾商务印书馆影印本，1982.

[65] 瞿萍．论宋前蚕桑图像叙事主题的嬗变［J]．南京艺术学院学报（美术与设计)，2020（1).

[66] Rappaport, Ritualand Religion in the Making of Humanity, Cambridge University Press, 2000.

[67] 容庚．商周彝器通考［M]．台北：大通书局，1941.

[68] 沙宗元．杕氏壶铭文补释［J]．安徽大学学报（哲学社会科学版)，2001（4).

[69] 山西省考古研究所．侯马铸铜遗址［M]．北京：文物出版社，1993.

[70] 山西省考古研究所，山西博物院，长治市博物馆．长治分水岭东周墓［M]．北京：文物出版社，2010.

[71] 山西省考古研究所，山西省晋东南地区文化局．山西省潞城县潞河战国墓［J]．文物，1986（6).

[72] 山西省考古研究所，太原市文物管理委员会．太原晋国赵卿墓［M]．北京：文物出版社，1996.

[73] 山西省考古研究所侯马工作站．三件战国文物介绍［J]．文物季刊，1996（3).

[74] 商承祚．十二家吉金图录［M]．金陵大学中国文化研究所影印本，1935.

[75] 商承祚．长沙出土漆器图录［M]．北京：中国古典艺术出版社，1957.

[76] 沈文倬．略论礼典的实行和《仪礼》书本的撰作［M］//宗周礼乐文明考论，杭州：浙江大学出版社，2001.

［77］四川省博物馆．成都百花潭中学十号墓发掘记［J］．文物，1976（3）．

［78］四川省文物考古研究院．宣汉罗家坝［M］．北京：文物出版社，2015．

［79］孙力楠．东北师范大学收藏的一件铜高柄方壶［J］．文物，2005（9）．

［80］（清）孙诒让．墨子闲诂［M］．北京：中华书局，2001．

［81］（清）孙诒让．周礼正义［M］．北京：中华书局，1987．

［82］孙作云．诗经与周代社会研究［M］．北京：中华书局，1966．

［83］唐复年．战国宴乐射猎攻战纹壶［J］．故宫博物院院刊，1983（3）．

［84］田可文，陆云．对“百花潭铜壶”嵌错图象中乐舞文化的再认识［N］．音乐探索·四川音乐学院学报，1990（2）．

［85］（汉）王充．论衡［M］．摛藻堂四库全书荟要（227 册）．

［86］王人聪．释元用与元弄［J］．考古与文物，1996（3）．

［87］王文君．成都百花潭铜壶与《豳风·七月》［J］．四川师院学报，1981（4）．

［88］（魏）王肃注．孔子家语［M］//四部备要（52 册）［M］．北京：中华书局，1989：19．

［89］（清）王先慎．韩非子集解［M］．北京：中华书局，2003．

［90］闻一多．释桑［J］//闻一多全集（10），武汉：湖北人民出版社，1993：554．

［91］（元）王祯．农书［M］//文渊阁四库全书（第 730 册），台北：台湾商务印书馆影印本，1982．

［92］［美］巫鸿．中国古代艺术与建筑中的“纪念碑性”［M］．李清泉，郑岩，译．上海：上海人民出版社，2009．

［93］武红丽．东周画像铜器研究［C］．中央美术学院硕士学位论文，2008．

［94］武家璧．曾侯乙墓漆书“日辰于维”天象考［J］．江汉考古，2010

(03).
[95] 夏德靠.《豳风·七月》"采蘩"考辩［J］. 贵阳师范高等专科学校(社会科学版), 2005 (1).
[96] (明) 徐光启. 农政全书［M］//文渊阁四库全书 (第730册). 台北: 台湾商务印书馆影印本, 1982.
[97] 徐元诰撰. 国语集解［M］. 北京: 中华书局, 2002.
[98] 徐元诰. 国语集解［M］. 北京: 中华书局, 2002.
[99] 徐中舒. 古代狩猎图象考［M］//古器物中的古代文化制度. 北京: 商务印书馆, 2015.
[100] 许维遹. 吕氏春秋集释［M］. 北京: 中华书局, 2009.
[101] 许维遹. 吕氏春秋注［M］. 北京: 中华书局, 2010.
[102] 许雅惠. 东周的图像纹铜器与刻纹铜器［J］. 故宫学术季刊, 2002-20 (2).
[103] 烟台市文物管理委员会. 山东长岛王沟东周墓群［J］. 考古学报, 1993 (1).
[104] 杨华. 宴乐桑猎画像与战国宫苑生活［J］. 历史教学问题, 1994 (1).
[105] (唐) 杨倞注. 荀子［M］//四部备要 (52册), 上海中华书局据嘉善谢氏本校刊.
[106] [美] 杨晓能. 另一种古史: 青铜器纹饰、图形文字与图像铭文的解读［M］. 唐际根, 孙亚冰, 译. 北京: 生活·读书·新知三联书店, 2008.
[107] 杨宗荣. 战国漆器花纹与战国绘画［J］. 文物参考资料, 1957 (7).
[108] 游玲玮. 东周时期红铜镶嵌青铜器研究［D］. 国立台湾大学硕士学位论文, 2015.
[109] 余冠英. 诗经选［M］. 北京: 人民文学出版社, 1979.
[110] 云南省博物馆. 云南江川李家山古墓群发掘报告［J］. 考古学报, 1975 (2).

[111] 张光直．美术、神话与祭祀［M］．沈阳：辽宁教育出版社，2002.
[112] 张光直．中国青铜时代（二版序）［M］．北京：生活·读书·新知三联书店，2013.
[113]（汉）赵君卿注，（北周）甄鸾重述，（唐）李淳风等注释音译．周髀算经［M］．北京：文物出版社，1980.
[114] 赵瑞萍．先秦高禖研究［D］．西北大学硕士学位论文，2015.
[115] 镇江博物馆．江苏镇江谏壁王家山东周墓［J］．文物，1987（12）.
[116]（汉）郑玄注，（唐）贾公彦疏．仪礼注疏［M］．北京：北京大学出版社，1999.
[117]（汉）郑玄注，（唐）贾公彦疏．周礼注疏［M］．北京：北京大学出版社，1999.
[118]（汉）郑玄注，（唐）孔颖达疏．礼记正义［M］．北京：北京大学出版社，1999.
[119]（汉）郑玄注，（唐）孔颖达疏．毛诗正义［M］．北京：北京大学出版社，1999.
[120] 郑志．战国铜器上的“高禖”图考［J］．中原文物，1994（3）.
[121] 中国科学院考古研究所．辉县发掘报告［M］．北京：科学出版社，1956.
[122] 中国科学院考古研究所山东发掘队．山东平度东岳石村新石器时代遗址与战国墓［J］．考古，1962（10）.
[123] 中国青铜器全集编辑委员会．中国青铜器全集·巴蜀［M］．北京：文物出版社，1994.
[124] 中国社会科学院考古研究所．陕县东周秦汉墓［M］．北京：科学出版社，1994.
[125] 朱凤瀚．古代中国青铜器［M］．天津：南开大学出版社，1995.
[126] 朱凤瀚．论商周女性祭祀［M］//张国刚主编．中国社会历史评论（第一卷），天津：天津古籍出版社，1999.
[127]（宋）朱熹．诗集传［M］．南京：凤凰出版社，2007.

二、网络来源

https：//collections. mfa. org/objects/29088/wine-cup-bei（波士顿艺术博物馆）

https：//collections. rom. on. ca/objects/342652/hu-wine-storage-vessel?ctx=d49ed432-0551-498e-9222-f74e2487527d&idx=2（皇家安大略博物馆）

https：//weibo. com/2174434083/GcsYUkiWZ?type=repost#_rnd1617688200909（微博用户“sergio1968”）

附录　采桑画像粉本汇总表

<table>
<tr><td rowspan="4">镶嵌画像铜器·阴纹</td><td></td><td></td><td></td></tr>
<tr><td>铜壶颈部粉本一①</td><td>铜壶颈部粉本二②</td><td>铜壶颈部粉本三③</td></tr>
<tr><td></td><td colspan="2"></td></tr>
<tr><td>铜豆柄部粉本一④</td><td colspan="2">铜豆柄部粉本二⑤</td></tr>
</table>

① 此粉本的铜壶有 3 件，分别为百花潭铜壶 1 件（图片）和保利铜壶 2 件。

② 此粉本的铜壶有 7 件。分别为大张壶 1 件（图片），故宫壶 1 件，上博铜壶 2 件，航博铜壶 2 件，加拿大安大略铜壶 1 件。

③ 此粉本的铜壶仅 1 件，收藏于法国吉美博物馆（图片），即吉美壶。

④ 此粉本的铜豆有 3 件，分别为三汲铜豆 1 件，华尔特铜豆 2 件（图片）。

⑤ 此粉本的铜豆仅 1 件，出土于湖北宣汉罗家坝 33 号楚墓（图片），即宣汉豆。

续表

<table>
<tr><td rowspan="6">浅浮雕画像铜器·阳纹</td><td></td><td colspan="2"></td></tr>
<tr><td>铜壶盖部粉本一①</td><td colspan="2">铜壶盖部粉本二②</td></tr>
<tr><td></td><td colspan="2"></td></tr>
<tr><td>铜钫下腹部粉本一③</td><td colspan="2">铜钫下腹部粉本二④</td></tr>
<tr><td></td><td></td><td></td></tr>
<tr><td>铜钫下腹部粉本三⑤</td><td>高柄铜钫下腹部⑥</td><td>柄部⑦</td></tr>
</table>

① 此粉本的壶盖仅 1 件，壶身为浅浮雕狩猎纹，出土于河南辉县琉璃阁 76 号墓。

② 此粉本的壶盖仅 1 件，壶身为浅浮雕狩猎纹，收藏于日本东京国立博物馆。

③ 此粉本的铜钫仅 1 件，为纽约古董商 J. J. Lally 收藏。

④ 此粉本的铜钫仅 1 件，为瑞士里特贝格博物馆收藏。

⑤ 此粉本的铜钫仅 1 件，为台北“故宫博物院”收藏。

⑥ 此粉本的高柄铜钫有 2 件，分别收藏于东北师范大学和美国旧金山德扬美术馆（图片）。

⑦ 此粉本的器物有 4 件，其中 3 件为高柄铜钫柄部（分别藏于东北师范大学、美国旧金山德扬美术馆和 Eric Lidow 私藏），还有一件河南辉县琉璃阁 75 号墓出土的铜豆豆柄处，但其他部位纹饰未载。